Jürgen Jahnke (Hrsg.) · Aufklärung – Projekt der Vernunft

Schriftenreihe der Pädagogischen Hochschule Freiburg
Band 11
Herausgegeben vom Rektor

Aufklärung – Projekt der Vernunft

Herausgegeben von Jürgen Jahnke

Centaurus Verlag & Media UG 1998

Wissenschaftlicher Beirat der Schriftenreihe:

Hartwig Haubrich (Vorsitzender), Michael Klant,
Holger Rudloff, Wolfgang Schwark

Gedruckt mit Unterstützung der
Vereinigung der Freunde der Pädagogischen Hochschule Freiburg e. V.

Die Deutsche Bibliothek – CIP-Einheitsaufnahme

Aufklärung – Projekt der Vernunft / Jürgen Jahnke (Hg.). –
Pfaffenweiler : Centaurus Verl.-Ges., 1998
 (Schriftenreihe der Pädagogischen Hochschule Freiburg ; Bd. 11)
 ISBN 978-3-8255-0235-5   ISBN 978-3-86226-864-1 (eBook)
 DOI 10.1007/978-3-86226-864-1

ISSN 0177-2805

Alle Rechte, insbesondere das Recht der Vervielfältigung und Verbreitung sowie der Übersetzung, vorbehalten. Kein Teil des Werkes darf in irgendeiner Form (durch Fotokopie, Mikrofilm oder ein anderes Verfahren) ohne schriftliche Genehmigung des Verlages reproduziert oder unter Verwendung elektronischer Systeme verarbeitet, vervielfältigt oder verbreitet werden.

© *CENTAURUS-Verlagsgesellschaft mit beschränkter Haftung, Pfaffenweiler 1998*

Umschlagabbildung nach Jean Antoine Nollet: Versuch einer Abhandlung von der Electricität der
 Körper. Erfurt 1749.
Gestaltung: Michael Klant
Satz: Anja Schüler und Margot Dannenfeld

Inhalt

Jürgen Jahnke
Einleitung — 7

Reinhard Wunderlich
Theologie in der Aufklärung - Geschichtlicher Rückblick mit postmodernem Ausblick — 15

Adalbert Wichert
„Menschliche Sprache" - ein Anliegen der deutschen Literatur im 18. Jahrhundert — 31

Gerhard Hebbeker
„Alle Aufklärung ist nie Zweck, sondern immer Mittel, wird sie jenes, so ists Zeichen, daß sie aufgehört hat, dieses zu seyn" (J.G. Herder) — 61

Horst Schiffler
Zur Rhetorik von Titelseiten und Illustrationen pädagogischer Schriften aus dem Geiste der Aufklärung — 74

Hannsdieter Wohlfarth
Die Auswirkungen des Aufklärungsdenkens auf die Musik des 18. Jahrhunderts — 101

Jürgen Jahnke
Georg Christoph Lichtenbergs Aufklärung durch Experiment, Taschenkalender und Sudelbuch — 113

Wolfgang Hug
Spätaufklärung in Freiburg — 137

Hermann J. Forneck
Allgemeine Bildung unter Bedingungen radikaler Pluralität — 149

Zu den Autoren — 167

Einleitung

Das Widerspiel von Aufklärung und Gegenaufklärung läßt sich in der europäischen Geschichte von den Anfängen bis heute beobachten (vgl. Schmidt 1989). Aufklärung kann in diesem Sinne als ein Schlüsselproblem der Menschheitsentwicklung angesehen werden. Dennoch ist es geläufiger, mit dem Terminus Aufklärung eine bestimmte geschichtliche Epoche zu verbinden, die sich in Europa in vielfältigen Strömungen als *Siècle des lumières*, als *Age of Enlightenment* und - in Deutschland - als *Zeitalter der Aufklärung* zeigt und sich etwa mit dem 18. Jahrhundert deckt. Die Einheit der vielfältigen Denkbemühungen, die zunächst unter ,,Aufklärung" zu verstehen sind, besteht nach Kondylis (1986, S.20) weniger in den Antworten, als in den gemeinsamen Fragen. Die neuere Aufklärungsforschung betont bei aller Gemeinsamkeit erhebliche nationale Differenzen, etwa zwischen Frankreich, England und Deutschland (Ciarfardone 1990, S. 12f.; Porter 1991, S. 67f.). Aber selbst, wenn man sich auf die Geschichte der deutschen Aufklärung beschränkt, lassen sich allenfalls Gemeinsamkeiten des Fragens, und zugleich eine intensive Diskussion um die ,,wahre" Aufklärung feststellen (Schneiders 1974). Max Wundt empfahl, ,,aus jenem Namen (Aufklärung, J.J.) zunächst gar nichts über den Gehalt zu folgern. Man kann ihn vielleicht schwer entbehren, da ein anderer nicht zur Verfügung steht. (...) Jedenfalls handelt es sich um eine von mannigfaltigen und zum Teil scharf entgegengesetzten Bewegungen durchzogene Zeit" (Wundt 1945, S. 2). Es handelt sich weniger um eine systematische, einheitliche Welt- und Selbstsicht, die uns als ,,aufgeklärtes Denken" entgegentritt, sondern um verschiedenartige Bemühungen um gemeinsame Probleme. Bei näherem Hinsehen läßt sich Aufklärung im 18. Jahrhundert keineswegs so einfach und eindeutig beschreiben, wie es zeitgenössische und nachgeborene Kritiker immer wieder getan haben. Die historische Aufklärung in Deutschland läßt sich weder mit einseitigem Intellektualismus oder Materialismus, noch mit sensualistischem Empirismus gleichsetzen, sie ist zum Beispiel keineswegs durchgängig areligiös, ja, ihre Zielsetzungen verbünden sich anfangs mit denen des gleichzeitigen Pietismus. Aufklärung, als Versuch der Entzauberung der Welt, der Klärung dunkler Vorstellungen verbindet sich - nicht selten durch dieselben Personen - mit Geheimnis und Mystifizierung durch die Gründung von Freimaurerorden und geheimen Gesellschaften (Reinalter 1982). Die historische Aufklärung ist ohne ihre ,,dunkle" Seite, ohne ihre esoterischen Komponenten und ohne ihre Gegner nicht angemessen zu verstehen (vgl. Weiß und Albrecht 1997). Trotz dieser widersprüchlichen und spannungsvollen Tendenzen der Aufklärung lassen sich gemeinsame Probleme, Fragen und Ideen ausmachen: „Lebensgestaltung aus der Kraft der Gedanken" ist nach Rudolf Vierhaus „im allgemeinsten Sinne die Intention aufgeklärten Denkens und Handelns" (Vierhaus 1995, S. 7) Für Panajotis Kondylis ergeben sich aus der „Rehabilitation der Sinnlichkeit" (1986, S. 19) im Zuge der „Aufwertung der Natur" (S. 59f.) und des „Primats der Anthropologie" (S. 119f.) die dringlichsten Fragen für die Aufklärung. Diese Fragen beziehen sich etwa auf das Verhältnis von Intellekt und Gefühl, auf die Vereinbarkeit von Vernunft und Religion, von Naturrecht und Herrschaft.

Das Spannungsfeld zwischen dem Möglichen und dem Tatsächlichen macht nach Schmidt-Biggemann zudem eine Zweideutigkeit des Begriffs „Aufklärung" aus: Einerseits „ist Aufklärung ein Anspruch, eine Norm, ein zukunftsorientiertes Programm fürs Mögliche und Wünschbare, das noch nicht zu Ende gekommen ist", andererseits „ist Aufklärung mit dem Pathos verbunden, Einsicht, und zwar vorurteilsfrei, in die Sachverhalte, die 'Tatsachen', zu bekommen" (Schmidt-Biggemann 1988, S. 7). Beides heißt „Aufklärung", ist aber unvereinbar miteinander und bedingt die Widersprüchlichkeit der Epoche.

Norbert Hinske hat versucht, „die tragenden Grundideen der deutschen Aufklärung" typologisch zu ordnen (1990, S. 407f.). Er unterscheidet:

– „Programmideen", wie „Aufklärung" (im eigentlichen Sinne von Klärung, Verdeutlichung, Erhellung), „Eklektik" (Prinzip des prüfenden Auswählens), „Selbstdenken" und „Mündigkeit" (freies, eigenständiges, autoritätskritisches Denken). Zu den Programmideen wird weiterhin der Gedanke der „Perfectibilität" gerechnet (die Überzeugung von der Möglichkeit fortschreitender Vervollkommnung des Menschen).
– „Kampfideen", d.h. Kampf gegen „dunkle und verworrene Vorstellungen"; gegen „Vorurteile", „Aberglauben" und „Schwärmerei".
– Als „Basisideen" bezeichnet Hinske schließlich die Idee von der „Bestimmung des Menschen" und die von der „Allgemeinen Menschenvernunft".
– Daraus „abgeleitet" werden letztlich die praktischen Ideen von „Öffentlichkeit", „Pressefreiheit", „Unparteilichkeit", „Liberalität" und „Toleranz".

Untersucht man einzelne Stellungnahmen zu diesen Grundideen, so zeigt sich, daß sie alle Gegenstände von Kontroversen sind und daß die entsprechenden Diskurse das eigentlich Kennzeichnende der Aufklärung sind.

Der Substantivbegriff „Aufklärung" in umfassender Bedeutung ist im deutschen Sprachgebrauch erst in der zweiten Hälfte des 18. Jahrhunderts nachweisbar - jedoch noch lange nicht als Epochenbezeichnung (vgl. Pütz 1991, S. 11f.). Als Immanuel Kant die Frage „Was ist Aufklärung?" im Dezember 1784 in der „Berlinischen Monatsschrift" mit der vielzitierten Definition beantwortete: „Aufklärung ist der Ausgang des Menschen aus seiner selbstverschuldeten Unmündigkeit", war der Begriff Aufklärung allerdings längst zu einem Modewort geworden, das gerade wegen seiner Abgegriffenheit nach einer Klärung fragen ließ. In der Diskussion um den Aufklärungsbegriff in der „Berlinischen Monatsschrift" wird allerdings nicht nur Fortschrittsoptimismus und „Beförderung der Humanität" (Herder) mit den Bestrebungen der Aufklärung verbunden, sondern es werden auch Gefahren falscher und „verderbter" Aufklärung (M. Mendelssohn) gesehen (Bahr 1974; Hinske 1990).

Fünf Jahre später erschütterte die Französische Revolution Europa; hier wurden die Ideen von „Mündigkeit", „Öffentlichkeit", „Freiheit", „Menschenrechten", „Toleranz" und „allgemeiner Menschenvernunft" plötzlich politisch wirksam, - um dann 1793 mit der Hinrichtung des Königs und dem folgenden Terror die schreckliche Kehrseite zu zeigen. Seither ist Aufklärung ein Begriff, der die Geister scheidet. Für viele ist das Programm der Aufklärung zur Besserung („Perfection, Vervollkommnung, Humanisierung") des mündigen und vernünftigen Menschen für immer gescheitert: Aufklärung bekämpfe in Irrtum und Aberglauben zugleich auch Offenbarung und Glauben, durch die Verabsolutierung von Rationalität, Nützlichkeit und Technik mache sie blind gegenüber neuen Abhängigkeiten und Zwängen.

Folgenreich für die Beurteilung von Aufklärung war das Buch „Dialektik der Aufklärung" (zuerst 1947), von Max Horkheimer und Theodor W. Adorno, das nach der traumatischen Erfahrung der Nazi-Diktatur die Herrschaft instrumenteller Vernunft für die totalitäre Barbarei verantwortlich machte. Daß der Begriff von Aufklärung, wie er bei Horkheimer und Adorno verwendet wird, sich nicht mit der historischen Epoche gleichsetzen läßt und in dieser Hinsicht historisch kaum haltbar ist, geht schon daraus hervor, daß außer de Sade und Kant kein Autor des 18. Jahrhunderts rezipiert wird. So wird etwa die Vernunft als ziellos (S. 81), und als beliebig instrumentalisierbar charakterisiert, die differenzierte historische Diskussion, z.B. um die „Bestimmung des Menschen" (Spalding 1748f.) wird dabei ignoriert. Der Historiker Robert Darnton setzt sich mit den Vorwürfen von Horkheimer und Adorno, sowie mit denen aus der Perspektive der Postmoderne gegen die Aufklärung auseinander und weiß gute Gründe dafür beizubringen, daß diese Vorwürfe der historischen Aufklärung nicht gerecht werden (Darnton 1996, S. 13f.). Die Aufklärung erweist sich bei näherem Hinsehen als eine selbstreflexive, kommunikative und in Ansätzen auch pluralistische Bewegung, „das wichtigste Bollwerk gegen die Barbarei (...), der Horkheimer und Adorno doch entgegentreten wollten" (Darnton 1996, S. 17). Inzwischen beteiligt sich die historische Aufklärungsforschung durchaus an der Moderne- und Postmoderne-Diskussion (vgl. Pütz 1991; Conrady 1995; Zimmermann, 1997). Vertreter der Postmoderne verstehen diese ihrerseits nicht selten als „kritische Prüfung" des Denkens der Aufklärung (Lyotard) und bekennen, daß man sich „dem Erbe der Aufklärung nicht entziehen", und „auf die Aufklärung nicht verzichten" könne (Derrida, zit. nach Pütz 1991, S. 184).

Nach der Ablösung des Aufklärungsdenkens durch Romantik, spekulative Philosophie, politische Restauration und Nationalismus im 19. Jahrhundert und nach

Perioden des irrationalen Totalitarismus und angesichts der Irritationen der modernen Risikogesellschaft mit ihren irrationalen und esoterischen Fluchtwegen dürfte es heute ebenso heilsam wie erfrischend sein, sich mit einer Zeit auseinanderzusetzen, die uns nach wie vor vieles zu sagen hat und deren Leitideen unser gesellschaftliches Leben viel stärker geprägt haben, als wir es uns gewöhnlich klarmachen. Gehen doch viele Selbstverständlichkeiten unserer Demokratie auf Impulse aus dem 18. Jahrhundert zurück. Die Kontroversen um Sinn, Möglichkeiten und Grenzen von Aufklärung sind keineswegs entschieden, sondern müssen für jede Zeit neu diskutiert werden; historische Rückschau verspricht dabei nicht nur museal-nostalgischen Kulturgenuß, sondern auch Einsichten für die Gegenwart.

Daß diese Epoche nicht abgeschlossen ist und daß ihre Fragen und Impulse nicht nur historisches Interesse verdienen, zeigt sich darin, daß das Interesse an dieser Zeit sich selten so nachdrücklich artikulierte wie heute. Mehr als 8.400 Mitglieder zählte 1995 die „International Society for Eighteenth-Century Studies". Wissenschaftliche Vereinigungen, Forschungszentren und das umfangreiche Schrifttum dokumentieren dieses Interesse ebenso, wie die verstärkte Auseinandersetzung mit den historischen Wurzeln der sich in dieser Zeit formierenden empirischen Wissenschaften vom Menschen (Anthropologie, Psychologie, Pädagogik, Aesthetik), sowie mit Kunst und Literatur des 18. Jahrhunderts.

Angesichts der ausufernden Literaturfülle zum Thema Aufklärung ist zu fragen, wodurch ein interdisziplinärer Sammelband wie der hier vorgelegte ein allgemeines Interesse beanspruchen könnte, zumal die ausgewählten Themenaspekte alles andere als repräsentativ-erschöpfend für das Thema *Aufklärung - Projekt der Vernunft* sind. Die Autoren sind jedoch der Meinung, daß gerade durch die teils ungewöhnlichen, teils auf den ersten Blick vielleicht nebensächlichen, mehr oder weniger exemplarischen oder bloß lokalen Aspekte sich die umfassende Dimension aufklärerischen Denkens und Handelns besonders konkret und sinnfällig aufzeigen läßt. So hat der Band mit seinen einzelnen Beiträgen selbst aufklärerische Ziele:

- „Das Wort 'Aufklärung' (taucht) zuerst im Umkreis der Theologie auf" (Pütz 1991, S. 12) und viele der Protagonisten der deutschen Aufklärung waren Theologen. Reinhard Wunderlich beleuchtet in seinem Beitrag die kritische Auseinandersetzung der Aufklärung mit theologischen Problemen. Die Fragen nach der Möglichkeit eines „aufgeklärten Christentums" und nach einer vernunftgemäßen Prüfung von Offenbarung und Überlieferung waren zentrale Anliegen der Aufklärung.

- Aufklärung geschieht durch Sprache, Wort und Schrift; das 18. ist ein Jahrhundert intensiver und ausgedehnter sprachlicher Kommunikation in Büchern, Zeitschriften und Briefen. Die deutsche Literatur der Zeit setzt sich implizit und explizit mit dem Anliegen einer ,,menschlichen Sprache" auseinander (Wichert).

- Der folgende philosophischen Beitrag von Gerhard Hebbeker nimmt Johann Gottfried Herders ,,Reisejournal" von 1769 zum Ausgangspunkt, ein merkwürdiges Zwitterding zwischen Tagebuch und (Selbst-) Bildungsprogramm, das kürzlich unter der modernen Perspektive eines ,,Datenbankreports" als Beispiel für die Erschließung von Wissensbeständen interpretiert worden ist (Wegmann u. Bickenbach 1997). Dieser Beitrag wurde bewußt in seiner spezifischen Vortragsform belassen, um auch dem Leser den Mitvollzug einer im direkten Kontakt entwickelten Reflexionsbewegung zu ermöglichen.

- Das 18. Jahrhundert wurde nicht von ungefähr schon von Zeitgenossen als ,,pädagogisches Jahrhundert" bezeichnet. Daß das vielfältige Schrifttum für Kinder, Eltern und Erzieher aus dem 18. Jahrhundert sich nicht nur des Wortes bedient, sondern bildlich-anschaulich in Erscheinung tritt, demonstriert der Beitrag von Horst Schiffler.

- Das Denken der Aufklärung bezog sich mit der ,,Rehabilitierung der Sinnlichkeit" nicht zuletzt auch auf die Aesthetik; die ,,Theorie der schönen Künste" entstand in dieser Zeit. An der Entwicklung des Musikbegriffs zeigt Hannsdieter Wohlfarth den tiefgreifenden Wandel der Anschauungen und kompositorischen Ziele im Laufe dieses Jahrhunderts.

- Es gibt viele exemplarische Gestalten des 18. Jahrhunderts, an denen individuelle Motive, Denk-, Erlebnis- und Arbeitsweisen aufklärender und aufgeklärter Existenz gezeigt werden könnten; hier ist Georg Christoph Lichtenberg ausgewählt worden, dessen 57 Lebensjahre die Grenzen des 18. Jahrhunderts nicht überschritten haben (Jahnke).

- Am Beispiel der ,,Spätaufklärung in Freiburg" (Wolfgang Hug) kommt ein regionalgeschichtlicher Zugang zur Geltung, der - abseits der großen Zentren, wie z.B. der protestantisch geprägten Städte Halle, Berlin und Leipzig - den vorwiegend katholischen, josephinisch regierten Südwesten hervorhebt und, der zeitlichen Verzögerung Rechnung tragend, bis ins 19. Jahrhundert hinein verfolgt.

- Der abschließende Beitrag von Hermann J. Forneck bezieht sich nicht auf die historische Epoche der Aufklärung, sondern auf die gegenwärtige Diskussion des Rationalitätskonzepts. Angesichts postmoderner Kritik des Begriffs einheitlicher universeller Vernunft wird die Frage nach der Legitimation von Bildung ,,unter Bedingungen radikaler Pluralität" gestellt. Die Ausdifferenzierung in verschiedene Handlungs- und Rationalitätsdimensionen, Weltbezüge und gegenstandsspezifische Diskursarten ist die vorgeschlagene Konsequenz.

Dieser Band ist aus einer Ringvorlesung des Seniorenstudiums der Pädagogischen Hochschule Freiburg im Winter-Semester 1996/97 entstanden.

Jürgen Jahnke

Literatur

Bahr, Eberhard (Hrsg.) (1974) Was ist Aufklärung? Thesen und Definitionen. (Texte von Kant, Erhard, Hamann, Herder, Mendelssohn, Lessing, Riem, Schiller, Wieland). Stuttgart, Reclam
Ciafardone, Raffaele (1990) Die Philosophie der deutschen Aufklärung. Texte und Darstellung. Stuttgart, Reclam. (darin: N. Hinske: Die tragenden Grundideen der deutschen Aufklärung. Versuch einer Typologie. S. 407f.)
Conrady, Karl Otto (1995) Risiko und Notwendigkeit des universalistischen Anspruchs einer kritischen Aufklärung. In: Klein, Wolfgang und Waltraud Naumann-Beyer (Hrsg.) Nach der Aufklärung? Beiträge zum Diskurs der Kulturwissenschaften. Berlin, Akademie-Verlag. S. 213-219
Darnton, Robert (1996) George Washingtons falsche Zähne, oder noch einmal: Was ist Aufklärung? München, Beck
Hinske, Norbert (Hrsg.) (1990) Was ist Aufklärung? Beiträge aus der Berlinischen Monatsschrift. 4. Aufl. Darmstadt, Wissenschaftliche Buchgesellschaft
Horkheimer, Max und Theodor W. Adorno (1971) Dialektik der Aufklärung. Philosophische Fragmente (zuerst 1947). Frankfurt/M., Fischer
Kondylis, Panajotis (1986) Die Aufklärung im Rahmen des neuzeitlichen Rationalismus. München, dtv
Porter, Roy (1991) Kleine Geschichte der Aufklärung. Berlin, Klaus Wagenbach
Pütz, Peter (1991) Die deutsche Aufklärung. 4. überarb. Aufl. Darmstadt, Wissenschaftliche Buchgesellschaft (Erträge der Forschung, Band 81)
Reinalter, H. (Hrsg.) (1982) Freimaurer und Geheimbünde. Frankfurt/M., Suhrkamp
Schmidt-Biggemann, Wilhelm (1988) Theodizee und Tatsachen. Das philosophische Profil der deutschen Aufklärung. Frankfurt/M., Suhrkamp
Schneiders, Werner (1974) Die wahre Aufklärung. Zum Selbstverständnis der deutschen Aufklärung. Freiburg/München, Alber
Schmidt, Jochen (1989) Aufklärung und Gegenaufklärung in der europäischen Literatur, Philosophie und Politik von der Antike bis zur Gegenwart. Darmstadt, Wissenschaftliche Buchgesellschaft
Spalding, Johann J. (1997) Die Bestimmung des Menschen. Die Erstausgabe von 1748 und die letzte Auflage von 1794. Waltrop, Spenner. (Theologische Studien-Texte, Band 1)
Vierhaus, Rudolf (Hrsg.) (1985) Wissenschaften im Zeitalter der Aufklärung. Göttingen, Vandenhoeck & Ruprecht
Vierhaus, Rudolf (1995) Was war Aufklärung? Göttingen, Wallstein
Wegmann, N. und M. Bickenbach (1997) Herders Reisejournal - Ein Datenbankreport. In: Deutsche Vierteljahrsschrift für Literaturwissenschaft und Geistesgeschichte, 71, S. 397-420

Weiß, Christoph und Wolfgang Albrecht (Hrsg.) (1997) Von 'Obscuranten' und 'Eudämonisten'. Gegenaufklärerische, konservative und antirevolutionäre Publizisten im späten 18. Jahrhundert. St. Ingbert, Röhrig

Wundt, Max (1945) Die deutsche Schulphilosophie im Zeitalter der Aufklärung. Tübingen, Mohr (Nachdruck (1964). Hildesheim, Olms)

Zimmermann, Harro (1997) Das Projekt Mündigkeit. Ein Plädoyer für mehr Aufklärung unter Aufklärern. In: Das achtzehnte Jahrhundert. 21, H. 2, S. 189-201

Periodika, Schriftenreihen:

Aufklärung - Interdisziplinäre Halbjahresschrift zur Erforschung des 18. Jhs. und seiner Wirkungsgeschichte. (seit 1986). Hamburg, F. Meiner

Studien zum achtzehnten Jahrhundert. (seit 1979) Hamburg, F. Meiner

Das 18. Jahrhundert. Mitteilungen der Deutschen Gesellschaft für die Erforschung des 18. Jhs. (1996 im 20. Jahrgang). Göttingen, Wallstein

Reinhard Wunderlich
Theologie in der Aufklärung
Geschichtlicher Rückblick mit postmodernem Ausblick

Wenn man sich als Theologe dem Phänomen und der Epoche der Aufklärung nähert - und nur um Näherungswerte kann es sich in diesem Beitrag handeln -, dann stößt man im allgemeinen gegenwärtigen Bewußtsein auf ein beharrliches Ausschlußverfahren: Theologie *und* Aufklärung - das paßt für viele nicht zusammen; entweder die Theologie bleibt treu bei ihrer Sache *mit* Gott oder die Aufklärung bleibt treu bei ihren Sachen *ohne* Gott; tertium non datur! Diesem Sachverhalt ist im übrigen auch ein oft zitiertes und rezipiertes 'wissenschaftliches' Urteil verpflichtet. In seinem „Grundriß der Kirchengeschichte" bekennt der Verfasser, der angesehene Kirchenhistoriker Kurt Dietrich Schmidt, „daß er zwar Gott auch hinter dieser Phase der Kirchengeschichte am Werk glaubt, aber nicht weiß, wozu sie ihm dienen sollte" (Schmidt 1975, S. 449).

Aufklärung wäre demnach ein Vorgang, der sich *gegen* Kirchen und *gegen* das Christentum vollzogen hätte.

Dagegen hat sich allerdings längst die Einsicht in der theologisch-wissenschaftlichen Erforschung der Epoche der Aufklärung durchgesetzt, daß sich zumindest in Deutschland Aufklärung „weithin nicht *gegen* Theologie und Kirche, sondern *mit ihr* und *durch sie* vollzogen hat" (Scholder 1966, S. 462).

Aufklärung wäre mithin gerade auch ein entscheidender *Selbstreflexionsprozeß* der Theologie. Gleichwohl hat sich im modernen Gespräch aller übrigen Wissenschaften, die sich gerne dem Erbe der Aufklärung verpflichtet wissen, überhaupt nichts geändert. Religion bleibt in diesen Gesprächen absolut marginalisiert, das Ausschlußverfahren funktioniert, Theologie bleibt höchstens ein „Merkposten für neuzeitunverdauliche Vorstellungen und Erfahrungen, für die es keine zureichende Substitution moderner Begriffe gibt" (Rendtorff 1991, S. 10).

Gibt es in dieser *verfahrenen* Situation wenigstens vielleicht einen postmodernen Ausblick? Ich möchte ihn im zweiten Teil meiner Überlegungen wagen, wende mich zuvor aber der geschichtlichen Epoche der Theologie in der Aufklärung des 18. Jahrhunderts zu, um daraus den vielleicht weiterbringenden *erfahrenen* Aspekt zur Lösung für das genannte Dilemma filtern zu können.

1. Geschichtlicher Rückblick

Am Anfang und am Ende der deutschen Aufklärung steht die Licht-Metapher. Damit steht Aufklärung im europäischen Kontext; in Frankreich heißt die Epoche *siecle de lumières*, in England wird der Prozeß *enlightenment* genannt. Licht, Erleuchtung, claritas: geistig-religiöse Semantik ist nicht zu überhören, auch wenn in Frankreich der Rationalismus und in England der Empirismus bestimmend waren.

1720 erschien das berühmte Buch „Vernünfftige Gedancken von Gott, der Welt und der Seele des Menschen auch allen Dingen überhaupt den Liebhabern der Wahrheit mitgetheilet von Christian Freyherrn von Wolff." Wolff gilt als der „Fürst" der Aufklärung; 1754 starb er in Halle, wohin ihn Friedrich der Große nach 17jährigem Exil in Marburg - erzwungen durch pietistische Denunziation - ab 1740 erneut berufen hatte.

Das Titelkupfer zeigt eine „über Bergen, Wäldern, Städten und Dörfern hell aus der Mitte schwarzer Wolken hervorbrechende Sonne mit einem mächtigen Strahlenkranz, dessen Mittelpunkt offenbar als dem menschlichen Auge keineswegs unerträglich gedacht ist, wird er doch einfach in Gestalt eines überaus freundlichen und ein wenig behaglich lächelnden Menschenangesichts wiedergegeben, dessen Träger sich über die am Himmel und auf Erden überall weichenden Schatten restlos zu freuen scheint" (Barth 1975, S. 24).

Vernunft und göttliche Offenbarung schließen sich nach Wolff nicht aus, vielmehr geht es ihm um die Begründung ihrer vollkommenen Harmonie. Das heißt Offenbarung darf zwar der Vernunft nicht widersprechen, wohl aber sie übersteigen. „Wolffs natürliche Theologie läßt [...] die traditionellen religiösen Vorstellungen bestehen und fügt ihnen nur eine formal beweisende Syllogistik hinzu, die das *demonstrandum* (d.h. die Gültigkeit der traditionellen Vorstellungen) stillschweigend voraussetzt" (Merker 1982, S. 169).

Bereits in dieser Frühphase der Aufklärung beginnt in der Theologie ein ungehinderter Aufschwung der philologischen und historischen Arbeit an den biblischen und kirchengeschichtlichen Quellen. Unvoreingenommen wurde der „Zusammenhang zwischen menschlichen Absichten und Taten beschrieben, die im ganzen von der göttlichen Providenz umfaßt sind" (Sparn 1985, S. 28). Mit ungeheuerlicher Gelehrsamkeit wurde Licht in die überkommene *Orthodoxie* gelenkt, die sich in der bloßen Repetition der alten Lehrstücke erschöpfte; mit geschichtsbewußter Dynamik begegnete man auch dem *Pietismus*, der sich in erbaulichem Biblizismus oder überstiegener Sinnlichkeit selbst genügte. „Lucem post nubila reddit." Nach schwerer Bewölkung kehrt das Licht zurück!

Machen wir eine Stichprobe in der Mitte des Jahrhunderts, so stoßen wir bei dem führenden Theologen der sog. Neologie, also *der* theologischen Neuerungsbewegung im Sinne der Aufklärung, wiederum an zentraler Stelle auf die Lichtmetapher, die jetzt sogar explizit religiös besetzt ist. Johann Friedrich

Christian Wolff (1751) Vernünftige Gedancken von Gott, der Welt und der Seele des Menschen. Frontispiz

Carl von Carlsberg

oder über das

menschliche Elend,

von

Christian Gotthilf Salzmann.

Dritter Theil.

Leipzig,
bey Siegfried Lebrecht Crusius
1784.

Christian Gotthilf Salzmann (1784) Carl von Carlsberg. Titelblatt des dritten Bandes

Wilhelm Jerusalem (gest. 1789 in Braunschweig) tritt sein Amt als Abt des Predigerseminars von Riddagshausen 1756 mit einer Einführungsrede an, in der er das Zeitalter der Aufklärung folgendermaßen beschwört: „Wie gesegnet erscheinen unsere Zeiten, wenn wir das Licht, worin die Religion jetzt steht, und die Freiheit, womit sie jetzt bekannt wird, mit jenen finsteren Zeiten vergleichen, wo Unwissenheit, Aberglaube und Gewissenszwang ihre göttliche Gestalt verdunkelten (...) Dagegen scheint in diesem Jahrhundert der Wahrheit alles zu Hilfe zu kommen (...) Vernunft und Religion sind versöhnt (...) sie erkennen ihren gemeinschaftlichen Ursprung von dem Vater des Lichtes, und die Überzeugung von der Unzertrennlichkeit ihrer Absichten macht ihre Verbindung täglich so viel fester" (zit. bei Aner 1964, S. 296f., Anm.1). Was allerdings neu ist gegenüber der geschichtlichen Gelehrsamkeit der Theologen und vor allem der Exegeten im Schatten der Wolffschen Philosophie: Jerusalem praktiziert wie viele seiner Zeitgenossen die „Selbsterfahrung aufgeklärter Frömmigkeit" (Sparn 1985, S. 34). „Meine Erfahrung ist mein Beweis" proklamiert Jerusalem immer wieder in Predigten und Schriften (Nachweise bei Sparn 1985, S. 37, Anm. 23). Aber auch für diese Art von empirisch-religiöser Subjektivität wird die historische Kritik in Dienst genommen, um die hohlen Hülsen dogmatischer Begrifflichkeit zu entlarven und sie in lebendiges Zeitempfinden zu verflüssigen.

Am Ende der Aufklärungsepoche begegnet uns erneut die Lichtmetapher der theologischen Aufklärung. Der Theologe und berühmte Religionspädagoge Christian Gotthilf Salzmann schreibt an seinem 6bändigen Briefroman („Carl von Carlsberg oder über das menschliche Elend"), in dem er durch Verweis auf Jesus seinen Romanfiguren Wege aus dem immer noch unaufgeklärten Elend des Bewußtseins und des sozialen Zusammenlebens aufzeigt (vgl. Wunderlich 1994).

1784 schmückt folgendes Titelmedaillon den dritten Theil: Folterinstrumente sind noch deutlich im Vordergrund sichtbar - aber schon taucht die Sonne am Horizont auf; alles entdeckend - aber eben auch überstrahlend!

Was auf theoretischer Ebene auch und gerade in der Theologie geklärt worden ist, soll endlich auch praktisch werden und zu einem im guten Sinne des Wortes populären, für alle Menschen nachvollziehbaren Handeln führen. „Den Beweis für Sinn und Notwendigkeit der christlichen Religion kann nicht die Lehre, sondern nur das Leben, nicht die theologische Reflexion, sondern nur die praxis pietatis, nicht der Glaube, sondern nur die Heiligung erbringen" (Scholder 1966, S. 464).

Licht also sollte gebracht werden in das Verhältnis von göttlicher Offenbarung und menschlicher Vernunft.

Unersetzlich für diese Aufgabe einer Vermittlung zwischen den Quellen der christlichen Religion und den Erfahrungen der Zeitgenossen wurde *die historische Kritik*. Die Abstraktionen der orthodoxen Dogmatik erwiesen sich als autoritative Setzungen, die sowohl das vergangene als auch das gegenwärtige Leben vergewaltigten. Die Bibel als Quelle der Offenbarung war eben nicht einfach *wörtlich* inspiriert, der geschriebene Buchstabe war nicht einfach identisch mit einem angeblich „ewigen" Wort Gottes. Dazu klaffte nur allzu deutlich und auch für jeden einfältigen Bibelleser unübersehbar der von Lessing unübertroffen bezeichnete „garstige breite Graben" der Geschichte! (Lessing o. J. a, S. 13).

Wie hinüber und herüber kommen?

In seiner Vorrede zum „Wörterbuch des Neuen Testaments zur Erklärung der christlichen Lehre" (1772; 6. Aufl. 1806) erläutert der Autor Wilhelm Abraham Teller, daß es „zum richtigen Verständnis eines jeden Schriftstellers ungemein viel darauf (ankäme), ihm seine Sprache in ihren Hauptwörtern und vornehmsten Wahrheiten abzulernen." Für die klassischen Schriftsteller sei dies längst bekannt. Eben das aber will Teller nun auch für die Schriften des Neuen Testaments besorgen. „Es ist nicht weniger als eine grundsätzliche Reform, die Teller hier im Auge hat, mit den Mitteln und auf der Basis, die allein eine solche Reform sinnvoll und fruchtbar erscheinen lassen: der historischen und philologischen Analyse der Texte und Begriffe" (Scholder 1966, S. 473). Das aber geschieht nicht um seiner selbst willen, sondern um „mehr Klarheit und Reinigkeit in den Lehrbegriff zu bringen, die Religion Jesu von Menschensatzungen (...) zu scheiden, und uneingenommenen Gemütern im Lehrstande es immer wichtiger zu machen, die Religion nicht als eine gelehrte Wissenschaft zu behandeln, und ihr Studium derselben nicht auf Spitzfindigkeiten des Verstandes oder Spiele der Einbildungskraft, sondern auf ihre heilsame Anwendung bei ihren Gemeinen zu richten" (zit. bei Scholder 1966, S. 473).

Mit der Einführung und der Praktizierung der historisch-kritischen Methode gelangt christliche Theologie und Religion in die Phase der *Selbstreflexion*; die von außen *und* innerhalb der eigenen Reihen (!) angestoßene *Religions-, Traditions- und Autoritätskritik* wird produktiv aufgenommen und einer *Selbstrelativierung* zugeführt im Sinne einer ehrlichen In-Beziehung-Setzung so heterogener Elemente wie Vernunft und Offenbarung.

Zwei extreme Positionen lassen sich im Verlauf der Theologie in der Aufklärung herausschälen, die beide auf eigenständige Weise der theologischen Herausforderung durch die historische Kritik ein Licht aufsetzen: Sie sind verbunden mit dem Namen Gotthold Ephraim Lessing und mit Johann Gottfried Herder.

Lessing veröffentlichte die wohl schärfste historische Kritik an der biblischen Überlieferung, nämlich die Studien des Hamburger Gymnasialprofessors Reimarus aus dessen Nachlaß unter dem Titel „Fragmente eines Ungenannten" 1774 und 1777. Der Spitzensatz bereits im 1. Fragment lautet: „Die reine Lehre Christi (...) enthält nichts als eine vernünftige praktische Religion." Lessing aber „überwindet die gesamte abstrakt-rationalistische Bibelkritik des Reimarus dank einer neuen geschichtstheoretischen Methode" (Merker 1982, S. 189). In ihrem Kern beruht sie auf folgender Erkenntnis: „Zufällige Geschichtswahrheiten können der Beweis von notwendigen Vernunftwahrheiten nie werden." (Lessing o. J.a, S. 12). Aus historischen Urteilen heraus, die sich so oder so bei der Beschäftigung mit der christlichen Religion ergeben, komme ich niemals zu vernünftigem Urteilen und Handeln. Die historische Ebene und die vernünftige Ebene sind zwei *verschiedene* Arten der Auseinandersetzung mit der Wirklichkeit. Wenn etwas am Christentum vernünftig ist, etwa die Praxis der Liebe, so genügt für die Akzeptanz des Liebesgebotes die vernünftige Einsicht, ich bedarf dazu nicht historischer Erkenntnis; und am wichtigsten ist die praktische Frucht dieser Liebe. Offenbarung ist also nichts anderes als die ,,Erziehung des Menschengeschlechts" (so der Titel seiner 1780 erschienenen Schrift). Erziehung aber ,,gibt dem Menschen nichts, was er nicht auch aus sich selbst haben könnte: (...) Also gibt auch die Offenbarung dem Menschengeschlechte nichts, worauf die menschliche Vernunft, sich selbst überlassen, nicht auch kommen würde" (Lessing o. J. b § 1, § 2, § 4).

Bei Lessing macht die Religion einer Vernunft-Ethik Platz! Das von uns in der Einleitung behauptete Ausschluß-Verfahren beginnt seinen Lauf; angestoßen durch die historisch-kritische Methode.

Ganz anders Johann Gottfried Herder!
Ausgangspunkt ist bei ihm ebenfalls die historisch-kritische Methode. Der 1. Brief seiner ,,Briefe, das Studium der Theologie betreffend" (1780/81) beginnt mit dem wunderschönen Satz: ,,Es bleibt dabei, mein Lieber, das beste Studium der Gottesgelehrsamkeit ist Studium der Bibel, und das beste Lesen dieses göttlichen Buches ist menschlich (...) sie ist ein Buch für Menschen durch Menschen geschrieben (...), je humaner sie das Wort Gottes lesen, desto näher kommen sie dem Zweck seines Urhebers, der Menschen zu seinem Bilde schuf" (Herder 13. Theil 1829, S. 11).

Doch welch ein Unterschied zu Lessing besteht in Herders weiterem Verfahren! Man lese nur den 26. Brief. Die prinzipielle Unterscheidung Lessings zwischen notwendigen Vernunft- und zufälligen Geschichtswahrheiten ist für Herder bloß der Unterschied zwischen ,,Abstraction" und ,,Geschichte" (Herder 14. Theil 1829, S. 21). Und der Behauptung Lessings, daß zufällige Geschichtswahrheiten niemals notwendige Vernunftwahrheiten begründen könnten, setzt er die Feststellung entgegen: ,,Abstraction hat eigentlich über Geschichte keine Gesetze: keine Geschichte der Welt steht auf Abstractions-Gründen a priori" (Herder 14. Theil 1829, S. 22). Wie Herder das versteht, wird im Folgenden offenkundig. Spricht die Vernunft: ,,'ich scheide mich von dir: denn ich mag meine Lehren, meine Hoffnungen, meine Pflichten auf kein so baufälliges Gebäude, als eine Geschichte ist, setzen (...), so mag diese [sc. die Geschichte; R.W.] antworten: 'scheide! (...) Ich sehe, daß in der ganzen Welt Vernunft und Geschichte nicht nur zusammenhangen, sondern jene auch in einzelnen Tatsachen und gleichsam Erweckungen aus dieser hervorgegangen sey. Du abstrahirst von diesen Tatsachen und ordnest die Wahrheiten, ihre Resultate an und untereinander, um ihre Schönheit und Harmonie zu fühlen; ich gönne dir dein Gefühl und teile es mit dir: nur verläugne ich meine Menschheit und die einzelnen

Quellen nicht, aus denen jene großen Wahrheiten geflossen sind". Und dann folgt jener Satz, der die Lessingsche Position von innen her auflöst: „Warum soll ich ein reiner Vernunftgeist werden, da ich nur ein Mensch sein mag, und wie in meinem Dasein, so auch in meinem Wissen und Glauben als eine Welle im Meer der Geschichte schwebe?" (Herder 14. Theil 1829, S. 22f.).

Der Mensch, mit allem was er ist und hat, existiert geschichtlich. Darum sind auch Wissen und Glauben geschichtliche Phänomene (Vgl. Scholder 1962).

Konsequente Historisierung der Theologie: so lautet das Ergebnis Herders. *Konsequente Rationalisierung und Praktizierung der Religion*: so lautet das Ergebnis Lessings.

Beide holzschnittartig verkürzten Konsequenzen sind „erfahrene" Aspekte der Theologie in der Epoche der Aufklärung. Beide Konsequenzen ergeben sich aus der theologischen Bemühung um das 'Licht', das die Schatten aus subjektiven Vorurteilen und objektiver kirchlicher Autoritätsanmaßung vertreiben soll. Die historische Konsequenz *bedingt* die praktische und rationale Konsequenz einer Theologie in der Aufklärung, aber populär wurde vor allem die alltagspraktische und allgemeinmenschliche, lebensförderliche Akkomodation der Substanz der christlichen Religion an die unmittelbaren Bedürfnisse der Adressaten jeglicher Vermittlungsbemühungen in Sachen Religion. Daß die Substanz der christlichen Religion selber gewissermaßen a priori das Historische als seine konstitutive Form von Anfang an eingeschrieben bekommen hat, drang weniger ins allgemeine Bewußtsein.

Ein schönes Beispiel für diese Entwicklung findet man in den Predigten des rationalen Supranaturalisten Georg Joachim Zollikofer (gest. 1788), der seit 1758 als Prediger an der reformierten Gemeinde in Leipzig wirkte, und dort nicht nur ein „Neues Gesangbuch" veröffentlichte (1766), sondern auch eine neue Agende einführte (1777). Daß bei allem Ruf nach Orthopraxie dabei der Sinn für „einen guten und reinen Stil der Religion und der ihr so nah verwandten Sittenlehre" nicht zu kurz kam und „Personen von einem gewissen Sinn und Geschmack" seinen Predigten „Beifall und Anhänglichkeit" spendeten, kann man bei Goethe in „Dichtung und Wahrheit" nachlesen (Goethe 1977, S. 305).

Im 2. Band der „Predigten über die Würde des Menschen, und den Werth der vornehmen Dinge, die zur menschlichen Glückseligkeit gehören, oder dazu gerechnet werden" (1784) findet sich auch eine Predigt über den „Werth der größern Aufklärung der Menschen". Zollikofer stellt sie unter den 8. und 9. Vers aus dem 5. Kapitel des Epheserbriefes: „Ihr seyd ein Licht in dem Herrn; wandelt wie die Kinder des Lichts." Mit der europäisch verbreiteten Licht-Metapher kann er also von vorneherein den Zusammenhang von Aufklärung und Religion, von Anthropo- und Theologie herstellen, der für die *Epoche* der deutschen Aufklärung so charakteristisch ist und der gleichwohl für den *Vorgang* der Aufklärung in der sogenannten Moderne dann so fanatisch ausgeblendet werden sollte.

„Gott, Vater des Lichts, von welchem alle guten Gaben und lauter gute Gaben herkommen" beginnt Zollikofer seine aufklärende Rede, „auch uns umleuchtet und erfreut dein Licht, das Licht der Wahrheit so wie das Licht der Sonne; und wie viel heller scheint nicht jenes unter uns, als unter so vielen andern Menschen und Völkern, die kaum einige schwache Stralen desselben erblicken! Ja, du hast uns als Menschen und als Christen vorzügliche Mittel des Unterrichts, der Erkenntniß, der immer größern Aufklärung und geistigen Vollkommenheit gegeben! Du hast uns aus dem Reiche der Finsterniß in das Reich des Lichts versetzt. Und wie glücklich sind wir daraus geworden, und wie viel glücklicher können wir nicht noch dadurch werden! ([...]) Indem du uns zum Lichte gebracht, hast du uns zur Freyheit, zur Gemüthsruhe, zu reinerer Tugend, zu höherer Glückseligkeit berufen. Ist gleich dieses Licht auch unter uns noch nicht allgemein, nicht unbewölkt, nicht stark genug, die Finsterniß ganz zu zerstreuen, so läßt uns doch die Dämmerung den hellern Morgen, und dann den vollen Mittag hoffen" (S. 279).

Die hier zusammengestellten Früchte des Lichts (Freiheit, Gemütsruhe, Tugend und Glückseligkeit) verdanken sich der freien Untersuchung der Wahrheit (S. 281), wobei die wahren und begehrenswerten Güter (S. 283) die durchaus sich gelegentlich auch einstellenden Übel (S. 282) bei weitem überwiegen. Zollikofer listet die „mannichfaltige(n) und beträchtliche(n) Vortheile", die „ein gewisser Grad der Aufklärung den Menschen, dem Volke" (S. 284) verschaffen, achtfach auf:
1. Menschliche Geisteskräfte können sich äußern und kommen zur Anwendung (S. 284ff.).
2. Schönheiten und Güter von Gottes Schöpfung werden gebraucht und genossen (S. 287f.).
3. Die Fesseln des Aberglaubens und knechtischer Furchtsamkeit werden gelöst (S. 289ff.).
4. Befreiung von menschlichen Zusätzen läßt die wahre Religion zum Vor-Schein kommen (S. 291ff.).
5. Einsicht und freie Wahl ermöglichen ein Leben nach den unwandelbaren Gründen der Tugend (S. 293ff.).
6. Das Zusammenleben der Menschen gestaltet sich nach dem Modell geschwisterlicher, inniger Verbindung und Nähe (S. 296ff.).
7. Gesellschaftlicher Stand und ökonomisches Handeln der Menschen werden würdig vollzogen (S. 298ff.).
8. Eine solchermaßen aufgeklärte Lebensführung ist die beste Vorbereitung auf ein vollkommeneres Leben nach dem Tod: „Sind wir schon hier Kinder des Lichts; leben wir schon hier in dem Reiche des Lichts; fassen wir schon hier alle, noch so schwache, Stralen desselben begierig auf: so müssen wir doch wohl dadurch seines hellen Scheines, seines vollern Glanzes in einer besseren Welt um so viel fähiger werden!" (S. 301f.).

An keiner Stelle dieser aufklärenden Predigt wird die Grundlegung einer praktisch und rational akkomodierten christlichen Religion durch *historische Forschung an den Quellen der biblisch-geschichtlichen Überlieferung* thematisiert - im Gegenteil wird beispielsweise die Geltung der „Tochter des Lichts", also die Tugend, als „zu jeder Zeit, an jedem Orte, in jedem Zustande" unwandelbar und gleichbleibend behauptet (S. 294). Die Herausforderung der Epoche bestand in der allgemeinen Praktizierung der vernünftigen Begriffe Gott, Freiheit und Unsterblichkeit. Noch konnte man die Religion verteidigen, ohne die *historische* Dignität der christlichen Rede von Gott, Freiheit und Unsterblichkeit eigens herauszustellen beziehungsweise *als die adäquate, spezifisch christliche Begründung* zu favorisieren (vgl. Wunderlich 1997), ohne die man letzlich auf Religion auch verzichten zu können glauben durfte. Allerdings blieb ein wichtiger Aspekt historischen Theologietreibens nun doch nicht gänzlich außer Betracht, nämlich das - trotz allem erstrebten und erwarteten Vollkommenheitsdranges - *Bewußtsein akzeptierter Endlichkeit:* „Machet die Wahrheit durch die Bescheidenheit und Sanftmuth, womit ihr sie vortraget, durch die Heiterkeit und Ruhe, womit ihr sie bekennet und ausübet, durch den Einfluß, den sie in eure ganze Denkungs- und Sinnesart hat, jedermann verehrungs- und liebenswürdig" (S. 307).

Welcher der von uns erkannten und in der Epoche der Aufklärung 'erfahrene' Aspekt trägt nun für unseren postmodernen Ausblick, wenn wir für die Moderne geltend machen müssen, daß *Praxis und Rationalisierung* ohne einen historischen Vorbehalt sich breit machten und damit der Religion und der Theologie mehr oder weniger eine Absage erteilten?

2. Postmoderner Ausblick

Am Anfang der Moderne steht bekanntermaßen der Bruch mit der kirchlich und dogmatisch sanktionierten Wahrheit des Christentums, also ein „Bruch mit der kirchlichen Autoritätskultur". Genau dieser Bruch aber ist nicht nur Strukturmerkmal für die Moderne, die nun zunächst beinahe pathologisch meinte, die Motive der Religion überwinden und das Christentum ablösen zu müssen, um damit das Projekt der Moderne endgültig vollenden zu können, sondern gleichursprünglich eben ein Strukturmerkmal der Theologie selbst. Denn die Kritik an dogmatischer Autorität vollzog sich durch wissenschaftliche Methoden oder Prinzipien, die mit dem Stichwort der *Historisierung* hinreichend beschrieben sind. Die Theologie lernte zu unterscheiden zwischen der ursprünglichen Intention ihrer Lehre und deren jeweiliger Realisierung im Hinblick auf die Adressaten. Verbindlichkeit war nunmehr nur noch in der „Perspektive eines historischen Pluralismus der Lehrformen" zu erreichen, die Adressaten erhielten eine starke Position, ihre unterschiedliche Zeitsituation lenkte die Aufmerksamkeit auf den ständigen Wandel als solchen, so daß sich der Zeitbezug der Theologie

„in der Differenzierung unterschiedlicher Lehrformen" auslegen läßt (Rendtorff 1991, S. 19f.). Das historische Bewußtsein in der Theologie impliziert also „eine andauernde Flexibilität einer Wahrnehmung und Bestimmung" der christlichen Religion, die historische Haltung „ist die sich im Prozeß der Aufklärung des Wandels bewußt werdende Aufklärung" (Rendtorff 1991, S. 35).

Die Autoritätskritik nun, die im Namen des historischen Bewußtseins an der dogmatischen Theologie und ihren unifizierenden Auswirkungen auf Religion und Frömmigkeit geübt und vollzogen wurde, und zwar gerade im 18. Jahrhundert oftmals innerhalb der Theologie selbst und unter bewußter Akzeptanz der damit verbundenen Umstrittenheit von Religion, fand im Rahmen der Moderne-Diskussion eine Art Selbstanwendung auf ihren eigenen Prozeß bzw. auf ihr eigenes Projekt einer Weltgestaltung im „Medium der Vernunft". Denn die Autoritätskritik als Strukturmerkmal der Moderne wendete sich gegen die eigenen 'anmaßenden' Momente vor allem einer durchgängigen Rationalisierung aller Lebensbereiche: Bestritten wurde, „daß die Rationalität des Subjekts sich allein und dominierend durch 'Wissenschaft' realisieren könne und solle", bestritten wurde eine vollendete „Kommunikation auf einer für alle verbindlichen Ebene des Diskurses", bestritten wurde überhaupt das mögliche Ziel einer „'Vollendung' der Moderne" (Rendtorff 1991, S. 313). Diese selbstreflexive Wende der Moderne, die Selbstanwendung von Autoritätskritik hinsichtlich der Absolutheit wissenschaftlicher Methoden setzte den neuen Leit-Begriff der „Differenzierung" an die Stelle des alten Leit-Begriffes der „Rationalisierung" und sperrte sich somit gegenüber einer Vorstellung von der Abschließbarkeit der Moderne.

„Überblickt man den Gang der Ereignisse im Zusammenhang, dann stellt sich das Jahrhundert der Moderne (...) als ein fortschreitender Prozeß der Suche nach einem tieferen und neuen Selbstbewußtsein und gesteigerter Selbstreflexion des modernen Geistes dar, der seine Legitimation nicht mehr darin findet, eine militante Alternative zur religiösen Tradition zu sein [sc. wie das im 18. und besonders im 19. Jahrhundert noch zum Selbstbewußtsein der Aufklärung bzw. der Moderne gehörte; R.W.], sondern der seine Eigenart im Lichte eigener Endlichkeit und Geschichtlichkeit zu bewahren hat" (Rendtorff 1991, S. 244).

Das demnach *postmoderne* „Licht eigener Endlichkeit und Geschichtlichkeit" erscheint nun aber in einer erstaunlichen Nähe zu dem Selbstverständnis besonders des aufgeklärten Aspektes *historischer Theologie*, wie wir ihn bei Johann Gottfried Herder herausarbeiten konnten, so daß also der zweite Strang einer Theologie in der Aufklärung gerade in der Gegenwart zu einer aktuellen Relevanz gelangen kann. Die Vielfalt geschichtlicher Phänomene sperrt sich letztlich gegen eine unifizierende Vereinnahmung durch bestimmte Begriffe, es sei denn, diese selbst erwiesen sich als viel-deutig im positiven Sinne des Wortes.

Aber was bedeutet in diesem Zusammenhang überhaupt der Begriff der *Postmoderne*? Im veritablen Sinne ist damit *weder* einem *anything-goes* das Wort geredet *noch* einer *Epoche* nach der Moderne die Türe geöffnet. Der Begriff der Postmoderne muß als *heuristischer Begriff* gewertet werden, der für geschichtliche Unterschiede und damit eben für Unterschiede schlechthin, also für Vielfalt sensibel machen will. Als heuristischer Begriff bleibt und hält er in (Such-)Bewegung, so wie auch für die Theologie der *Prozeß* der Aufklärung eben tatsächlich etwas Dynamisches bedeutet im Gegensatz zu aller möglichen, ihr unangemessenen Statik.

Ein adäquater Begriff von Postmoderne, der auch theologisch einen aufgeklärten Ausblick gewähren kann, zeigt sich mir am gelungensten in der sichtbaren Architektur der Postmoderne, die stellvertretend für die philosophische Diskussion der Postmoderne (vgl. Welsch 1988) einstehen kann. Dabei nimmt *das transformative Traditionsverhältnis* einen ganz besonderen Stellenwert für das Spezifikum postmodernen Bauens ein: Bauen nimmt Elemente von Tradition nicht bloß formal, sondern gerade auch inhaltlich wieder ernst. Keine bloße neohistorische Imitation ist also angesagt, sondern die Befriedigung humaner Erwartungen an das Bauen, das sich der Vielfalt geschichtlicher Herkünfte und Entwürfe und ihrer jeweiligen Verbindlichkeiten neu versichert (Welsch 1988, 104) und dabei die jeweils vorhandenen kulturellen und natürlichen *Kontexte*, die gewünschten *Funktionen* und die damit zu bedienenden *Adressaten* in einen sich seiner Grenzen sensibel bewußtbleibenden, gerade so aber pluralen Gesamtzusammenhang stellt.

Am prägnantesten hat m. E. der englische Architekt James Stirling (* 1926) das „Licht eigener Endlichkeit und Geschichtlichkeit" in seiner Stuttgarter Staatsgalerie aufscheinen lassen.

Ein Blick auf das Wettbewerbs-Modell (1977) der 1984 'vollendeten' Staatsgalerie zeigt deutlich die Aufnahme der U-Form und des Rotunden-Motivs, wie sie typisch für die Museumsbauten des 19. Jahrhunderts waren, in die wiederum Formelemente, die sich bis zurück zur Antike verfolgen lasssen, eingearbeitet wurden. Dieses Erbe mit seinen überkommenen Museumsassoziationen („es schaut aus wie ein Museum!") wird von Stirling aber nicht einfach repristiniert, vielmehr schafft er Übergänge in die Gegenwart, die irritieren sollen, so etwas wie Autoritätskritik vorführen und eine eindeutige Kategorisierung verunmöglichen: Mitten durch das Museum und die Rotunde, die bezeichnender Weise oben offen gelassen wurde, führt eine öffentlich begehbare Verbindungsstrecke zwischen Straßen bzw. Fußgängerzonen (relationale Beachtung von Kontexten). So wird das Museum zu einem Ort ständiger Bewegung, das sich dem Zwang zur vollendeten Archivierung entzieht, seine eigene Partikularität transparent werden läßt und dem Wahn perfekter Einheitlichkeit die Vision akzeptierter Endlichkeit und Geschichtlichkeit in charmanter Vielfalt kontrastiert. Ägyptisierende Details etwa an der Einfahrt zur Tiefgarage (als Autofriedhof?) oder bewußte, aber nicht funktionalisierte Öffnungen in der glatten Fassade der Rotunde (in Stein gefaßte Vergänglichkeit?) zeugen von der hohen Reflexionskraft dieser Architektur, die zu ständiger intellektueller Auseinandersetzung herausfordert, zeugen aber eben auch von der geschichtsbewußten Eingebunden-

James Stirling: Neue Staatsgalerie Stuttgart. Modell und Eingangshalle

heit, die sich einseitigen Totalisierungsversuchen wie etwa dem funktionalistischen Baustil des 20. Jahrhunderts widersetzt.

Moderne Materialien (Stahl und Glas) werden selbstverständlich eingesetzt, doch zeigt etwa die gestaltete Glasfassade mit ihrer S-kurvigen Basislinie und einer kontinuierlichen Zunahme der Neigung der gar nicht mehr senkrechten Verstrebungen, daß dabei unter keinen Umständen auf individuelle und eigensinnige Momente verzichtet werden soll.

Ohne Scheu wird das Erhabene einer Museumsatmosphäre beigespielt durch die Rotunde im Eingangsbereich (Architektur in der Architektur). Gleichzeitig wird aber das Erhabene auch wieder zurückgenommen durch das grelle Grün des Noppenbelages, durch den transparenten Lift (mit seiner Anspielung auf die Industriearchitektur) und durch bloßgelegte Röhrenlichtkörper.

Im kontrastiven Aufeinanderprallen verschiedenster Stilrichtungen vermag Stirling den Kern postmodernen Denkens und Lebensgefühls zum Ausdruck zu bringen: Je eigensinnige und eigenlogische (auch jeweils 'vernünftige') Ansprüche dürfen sich nicht gegenseitig dominieren. Indem sie sich vielmehr gegenseitig begrenzen, erzeugen sie eine geschichtsbewußte, lebendige, wandelbare und vergänglichkeitsbewußte Vielfalt, deren einigendes Band gerade nicht von außen (autoritär) aufoktroyiert wurde, sondern das sich durch die verschiedenen Elemente selber konstituiert, ohne doch eine Letzt-Gründung bzw. Letzt-Begründung vorzuführen.

Ein paar kurze Blicke auf diese Art postmodernen Bauens zeigen an, daß Theologie in der Aufklärung in und mit solchem Geiste akzeptierter Endlichkeit ihre ureigenste Sache mit Gott nicht abschütteln muß, um im zeitgenössischen Gespräch zu bleiben.

Vollendung ist nicht Sache des Menschen, nicht einmal (und das ist die entscheidende Pointe meiner Argumentation) Sache der irgendwie auf Vollendung angewiesenen Architekten: Darin sind sich Postmoderne und aufgeklärte Theologie einig - was und wie Gott vollenden wird bleibt das unverrechenbare Surplus der Theologie in der Postmoderne, bleibt die notwendige *Differenzierung des Glaubens*, wie sie ohne die Erfahrungen in der Epoche der Aufklärung so nicht zum Ausdruck gebracht werden könnte: *autoritätskritisch, lebensförderlich, geschichtsbewußt, vernunftoffen (aber nicht vernunftgläubig) und bei alledem eben nicht grenzvergessen!*

Literatur

Aner, K. (1964) Die Theologie der Lessingzeit, Hildesheim
Barth, K. (1975) Die protestantische Theologie im 19. Jahrhundert. Ihre Vorgeschichte und Geschichte. Band 1, Hamburg, siebenstern

Goethe, J.W. (1977) Sämtliche Werke, Band 10, München, dtv

Herder, J.G. (1829) Briefe, das Studium der Theologie betreffend. In: Herders sämmtliche Werke. Zur Religion und Theologie. 13. und 14. Theil, Stuttgart und Tübingen, J.G. Cottasche Buchhandlung

Lessing, G.E. (o.J.a) Über den Beweis des Geistes und der Kraft. In: Lessings Werke. 16. Theil. Theologische Schriften. 2. Abtheilung. II, hrsg. und mit Anmerkungen begleitet von Chr. Groß, Berlin, Hempel, S. 10-14

Lessing, G. E (o.J.b) Die Erziehung des Menschengeschlechts. In: Lessings Werke. 18 Theil. Philosophische Schriften, hrsg. und mit Anmerkungen begleitet von Chr. Groß. Berlin, Hempel, S. 185-218

Merker, N. (1982) Die Aufklärung in Deutschland, München, Beck

Rendtorff, Tr. (1991) Theologie in der Moderne. Über Religion im Prozeß der Aufklärung, Gütersloh, Gütersloher Verlagshaus Gerd Mohn

Salzmann, Chr. G. (1784) Carl von Carlsberg oder über das menschliche Elend, Band 3, (Reprint 1977), Bern u. a., Peter Lang

Scholder, Kl. (1962) Herder und die Anfänge der historischen Theologie. In: Evangelische Theologie 22/1962, S. 425-440

Scholder, Kl. (1966) Grundzüge der theologischen Aufklärung in Deutschland. In: Geist und Geschichte der Reformation. Festgabe Hanns Rückert zum 65. Geburtstag dargebracht von Freunden, Kollegen und Schülern, Berlin, S. 460-486

Sparn, W. (1985) Vernünftiges Christentum. Über die geschichtliche Aufgabe der theologischen Aufklärung im 18. Jahrhundert in Deutschland. In: Wissenschaften im Zeitalter der Aufklärung. Aus Anlaß des 250jährigen Bestehens des Verlages Vandenhoeck & Ruprecht hrsg. v. R. Vierhaus, Göttingen, Vandenhoeck & Ruprecht, S. 18-57

Welsch, W. (Hrsg.) (1988) Wege aus der Moderne. Schlüsseltexte der Postmoderne - Diskussion. Weinheim, VCH/Acta humaniora

Wolff, Chr. v. (1751) Vernünfftige Gedancken von Gott, der Welt und der Seele des Menschen. Neue Auflage. Halle, Renger (Reprint 1983), Hildesheim, Olms

Wunderlich, R. (1994) Neologische Heilsgewißheit und Romanform der Spätaufklärung, Würzburg, Stephans-Buchhandlung

Wunderlich, R. (1997), Pluralität als religionspädagogische Herausforderung, Göttingen, Vandenhoeck & Ruprecht

Zollikofer, J.G. (1784) Der Werth der größern Aufklärung der Menschen. In: ders., Predigten über die Würde des Menschen, und den Werth der vornehmsten Dinge, die zur menschlichen Glückseligkeit gehören, oder dazu gerechnet werden, Leipzig, bey Weidmanns Erben und Reich, S. 279-308

Adalbert Wichert

„Menschliche Sprache" - ein Anliegen der deutschen Literatur im 18. Jahrhundert

> Im Anfang war das Wort: /
> und das Wort war bei Gott, /
> und Gott war das Wort.
> Das selbige war im Anfang bei Gott.
> Alle Ding sind durch dasselbige gemacht /
> und ohne dasselbige ist nichts gemacht, was gemacht ist.
> In ihm war das Leben, / und das Leben war das Licht der Menschen.
> Und das Licht scheinet in der Finsternis. (Joh. 1, 1-5)

So übersetzt Luther den Anfang des Johannesevangeliums. Diese Identität von Gott + Wort, Leben + Aufklärung des Menschen prägt die Vorstellung von Sprache bis hinein ins 18. Jahrhundert. Am Ende des 18. Jahrhunderts hat sich aber Entscheidendes verändert. Herder hatte 1775 in einem Kommentar zu Luthers Bibelübersetzung das „logos" der griechischen Vorlage des Johannesevangeliums komplexer übersetzt mit „Gedanke!, Wort!, Wille!, Tat!, Liebe".[1]

Goethe verarbeitet diese Problematisierung der Lutherischen Worttheologie in seinem „Faust", der, an Luther und Herder erinnernd, das Johannesevangelium „in mein geliebtes Deutsch zu übertragen" versucht:

> Geschrieben steht: „Im Anfang war das Wort!"
> Hier stock'ich schon! Wer hilft mir weiter fort?
> Ich kann das Wort so hoch unmöglich schätzen. (Faust I, V 1224-6)

Eine Szene später verspottet Mephisto die Sprachgläubigkeit, indem er dem Schüler ironisch rät:

> Im Ganzen - haltet Euch an Worte!
> Dann geht Ihr durch die sichre Pforte
> Zum Tempel der Gewißheit ein.
> [...]
> Mit Worten lässt sich trefflich streiten,
> Mit Worten ein System bereiten,
> An Worte lässt sich trefflich glauben,

Von einem Wort lässt sich kein Jota rauben.
(Faust I, V 1990ff.)

In einem Brief vom 11. März 1816 bekennt Goethe, die Sprache sei "das Organ gewesen, wodurch ich mich während meines Lebens am meisten und liebsten den Mitlebenden mittheilte."

Aber er habe „aufs deutlichste begreifen lernen, dass die Sprache nur ein Surrogat ist, wir mögen das was uns innerlich beschäftigt oder das was uns von außen anregt ausdrücken wollen. Auf meinem Wege bin ich diese Unzulänglichkeit der Sprache nur allzu oft gewahr worden und habe mich dadurch abhalten lassen, das zu sagen was ich hätte sagen können und sollen." (Goethes Werke, Weimarer Ausgabe, Abt. IV. Bd. 26, S. 289f.)

Was war geschehen zwischen Luthers „Im Anfang war das Wort - Und das Wort war bei Gott" und Goethes „Geschrieben steht: Im Anfang war das Wort!" [...] Ich kann das Wort so hoch unmöglich schätzen." (Faust I, V 1224-6) Eine vorläufige Antwort lautet: Die Aufklärung ist geschehen. Und mit ihr eine kritische Neubestimmung dessen, was unter „Sprache" zu verstehen ist. Der Titel meines Beitrags antwortet noch etwas konkreter: Die Sprache ist menschlich geworden.

1. Aufwertung der deutschen Sprache im 17. Jahrhundert

Für die Sprachphilosophie des Mittelalters war die Sprache ein Geschenk Gottes an die Menschen, ein Geschenk, das die Menschen sich durch den Sündenfall verdorben haben. Gott ist ein „deus absconditus" geworden. Und die göttliche Ursprache ist den Menschen abhanden gekommen. Davon erzählt die Bibel in der Geschichte vom Turmbau zu Babel.

Die Wende setzte mit der Renaissance ein. Ohne die Renaissance ist die europäische Aufklärung nicht denkbar. Mit der Renaissance und ihrer Folge, der Barockliteratur setzen meine Überlegungen ein. Seit der Renaissance gab man sich nicht mehr mit der Vorstellung zufrieden, die göttliche Ursprache sei nicht zugänglich. Man machte sich auf die Suche nach Spuren dieser Ursprache.

Man erhoffte, mit der göttlichen Ursprache zugleich einen Schlüssel zu Gottes Botschaft und zu Gottes Weltordnung zu finden. So entdeckte man in Florenz 1419 ein Manuskript, das im 4. oder 5. Jahrhundert in Alexandrien entstanden war und rund 190 Hieroglyphen mit allegorischen Auslegungen enthielt: die Hieroglyphica des Horapallo. Bis 1727 wurde es, übersetzt ins Lateinische, in über 40 Auflagen verbreitet. Man glaubte, damit einen Schlüssel für die ägyptischen Hieroglyphen gefunden zu haben. Ägyptische Priester, so war man überzeugt, hätten in ihnen göttliche Weisheiten, die göttliche Ordnung der Dinge versteckt. Und man war überzeugt, die griechische Philosophie ebenso wie die Bibel mit ihrer bilderreichen Sprache (Moses, so liest man dort, „war gelehrt in aller Weisheit der Ägypter.") würden auf dieser Schrift beruhen.[2]

Allmählich schlug man neben diesem eher spekulativen Weg noch einen anderen ein, einen eher empirischen Weg: Die Renaissance lenkte ihr Interesse mehr und mehr auf die lebenden Sprachen, in der Hoffnung, von ihnen aus die Ursprache rekonstruieren zu können. Das führte bald zu einem Wettbewerb unter der Sprachen. Langezeit galten die romanischen Sprachen als besonders hochwertig, weil sie dem Lateinischen nahestehen. Über deren Verbindungen zum Altgriechischen, Hebräischen und Ägyptischen glaubte man sie der göttlichen Ursprache besonders nahe.

Es war die Leistung der deutschen Barockdichter und ihrer Sprachgesellschaften, verspätet auch der deutschen Sprache die entsprechende Aufwertung zu verschaffen. Johann Klaj (1616-56) etwa, Mitbegründer einer Nürnberger Sprachgesellschaft „Pegnitzer Hirtenorden" stellt 1644 mit seiner „Lobrede der Teutschen Poeterey" die deutsche Sprache selbstbewußt wegen ihrer hohen Ausdrucksqualität und vor allem wegen ihrer klangmalenden Fähigkeiten über die anderen neuen Sprachen. Die deutsche Sprache sei dem Naturzustand noch besonders nahe: und zwar deshalb:

weil sie noch eine reine unbefleckte Jungfrau ist:
denn Teutschland [ist?] von frembder Macht unbezwungen /
und von frembden Sprachen unverworren blieben /
wie solches der fürtrefliche Römer Tacitus schon vor mehr als
1500 Jahren bezeuget.[3]

Justus Georg Schottelius (1612-76), Hof- und Konsistorialrat an den Höfen von Braunschweig und Wolfenbüttel, hat seit 1641 ein Lehrbuch der „Teutschen Sprachkunst" verfaßt, das zunächst sprachphilosophische Überlegungen anstellt und dann die Charakteristika der Wortbildung des Deutschen beschreibt.

WAs ist nebenst andern Geheimnissen der Göttlichen Gaben / welche
das Menschliche Gemüht besitzet / wol herrlicher / als die innerste
Erkenntniß der Sprachen? [...]
Also lest auch Gott der HErr seinen Willen / die grossen Geheimnissen aus der Ewigkeit / wie auch das wundersamste wesen der
natürlichen Dinge / und sonst alles / was man Kunst und Wissenschaft nennet / und durch Menschlichen Witz erfunden worden/oder
erfunden werden kan / uns Menschen so reichlich wissen und verstehen / nur durch Hülfe und Handbietung der Sprachen.[4]

Der mittelalterlichen Sprachauffassung folgt Schottelius darin, dass auch für ihn Gott den Menschen die Sprache als „Hülfe und Handbietung" verliehen hat als Werkzeug, mit dessen Hilfe sie seine Wahrheit erfassen können. Neu ist, dass das göttliche Wort verloren oder in rätselhaften Ursprachen verborgen ist, die dem Menschen nicht mehr zugänglich sind, sondern dass jeder

jeder Sprache Zugang zu dieser Weisheit hat. Konsequenz: Auch die deutsche Sprache trage diese Qualität in sich; sie müsse nur gereinigt und entwickelt, entfaltet werden. Neu ist damit auch die Zuversicht, dass die Beschäftigung mit der eigenen Sprache zur Erkenntnis führen könne. Damit ist die sprachphilosophische Grundlage zu einer deutschen Bildungssprache und zu einer deutschsprachigen Literatur gelegt.

Die Dichter und die Sprachgesellschaften des 17. Jahrhunderts veranstalten nun eine Vielzahl von Sprachexperimenten, um die Ausdrucksmöglichkeiten der deutschen Sprache zu erfassen. Im folgenden Beispiel versucht Johann Caspar Schade etwa, den Möglichkeiten der Wortstellung einen tieferen theologischen Sinn abzugewinnen, indem er mit den Anfangsworten des 63. Psalms hantiert:

Über die Anfangs-Worte des 63. Psalms

Gott / du bist mein GOTT.
  bistu mein Gott?
  Gott du bist mein.
  Du Gott bist mein.
  mein Gott bist Du.

Du Gott bist mein Gott.
  mein Gott / bist Gott.
  bist mein gott / Gott.
  Gott / Gott bist mein.
  Gott mein Gott BIST.

BIST du Gott mein Gott?
  mein Gott / du Gott.
  du mein Gott / Gott?
  Gott / du mein Gott.
  du Gott / Gott MEIN?

MEIN Gott / bistu Gott?
  Gott du bist / Gott.
  bistu Gott / GOTT.
  Gott / Gott bistu.
  Gott / du Gott bist.

GOTT / Gott bistu mein?
  mein Gott du bist.
  bistu / Gott / mein?
  Gott / du mein bist.
  gott / mein bistu.   AMEN.[5]

Johann Klaj geht von der Lautqualität der deutschen Sprache aus.
Er schreibt der deutschen Sprache wegen ihrer klangmalenden Möglichkeiten besondere Ausdruckskraft zu.
Die "grausamen Römer", so Klaj, hätten immer wieder betont, in ihrer Sprache die Stimme der Tiere nachahmen zu können. Die deutsche Sprache sei ihnen aber in der Klanglichkeit überlegen:

> Sie blitzet erhitzet / sie pralet und stralet / sie sauset und brauset / sie rasselt und prasselt / sie schlosset erbosset / sie wittert und zittert / sie schüttert zersplittert / sie brüllet und rüllet / sie gurret und murret / sie qwaket und kaket / sie dadert und schnadert / sie girret und kirret / sie schwirret und schmirret / sie zitschet und zwitschert / sie lispelt und wispelt / sie zischet und knirschet / sie klatschert und platschert und tausend andere Stimmen der Natur weis sie meisterlich nachzuahmen.[6]

Für Justus Georg Schottelius liegt das Potential der deutschen Sprache in der Vielfältigkeit der Wortbildungsmöglichkeiten. Georg Philipp Harsdörffer hat die Wortbildungsmöglichkeiten der deutschen Sprache in seinem Werk „Mathematische Erquickstunden" experimentell untersucht. Er baute einen „Fünffachen Denckring der Teutschen Sprache".[7] Er ordnete Buchstaben und Silben auf konzentrischen, voneinander unabhängig drehbaren Scheiben an, auf der ersten 48 Vorsilben, auf der zweiten bis vierten die Bestandteile für die Erzeugung eines einsilbigen Stammwortes und zwar auf der zweiten 60 Anfangskonsonanten bzw. Konsonantenkombinationen, auf der dritten 12 Vokale und Vokalkombinationen, auf der vierten 120 Endkonsonanten bzw. Konsonantenkombinationen, auf der fünften 24 Nachsilben.

Mit dieser Wortbildungsmaschine lasse sich, so Harsdörffer, „ein vollständiges Teutsches Wörterbuch" verfassen, das viele neue, nach den Regeln der deutschen Sprache aber zulässige Wörter erzeugen könne, die „sonderlich in den Gedichten / ob sie gleich sonst nicht gebräuchlich willkommen seien."[8]

Gottfried Wilhelm Leibniz (1646-1716) hat Harsdörffers Wortbildungsmaschine ausgerechnet und kommt auf über 97 Millionen mögliche Wörter.[9] In zwei Abhandlungen befasst sich Leibniz selbst mit der deutschen Sprache. Ihre Titel: „Unvorgreifliche Gedanken, betreffend die Ausübung und Verbesserung der deutschen Sprache" und: „Ermahnung an die Deutschen, ihren Verstand und ihre Sprache besser zu üben, samt beigefügtem Vorschlag einer deutschgesinnten Gesellschaft."

Auch Leibniz - und das hat für die Zukunft mehr Gewicht als die Aussagen der bisher zitierten Schriftsteller - bekennt sich zur deutschen Sprache:

> Dass die Heilige Schrift in irgendeiner Sprache in der Welt besser als in Deutsch lauten könne, kann ich mir gar nicht einbilden; so oft ich auch die Offenbarung im Deutschen lese, werde ich noch weit mehr entzückt, als wenn

ich den Virgil selbst lese, der doch mein Leibbuch ist; und ich finde nicht nur in den göttlichen Gedanken einen hohen prophetischen Geist, sondern auch in den Worten selbst eine rechte heroische und, wenn ich so sagen darf, virgilianische Majestät[10]

Auf dieser Grundlage formuliert er aber nun seine Kritik, die nicht die deutsche Sprache an sich, sondern ihren Zustand angeht: nämlich, ,,dass es den Deutschen nicht am Vermögen, sondern am Willen gefehlt, ihre Sprache durchgehends zu erheben."[11]

Positiv beurteilt Leibniz die Alltagssprache: ,,Ich finde, dass die Deutschen ihre Sprache bereits hoch gebracht in allem dem, so mit den fünf Sinnen zu begreifen ist und auch dem gemeinen Mann vorkommt; absonderlich in den leiblichen Dingen, auch in Kunst- und Handwerkssachen.")[12]

Vernachlässigt seien dagegen die Bereiche des Gedanklichen: der Ethik, der Seelenkunde, des politischen Lebens.

> Am allermeisten [...] ist unser Mangel ... [...] bei den Worten zu spüren, die sich auf das Sittenwesen, die Leidenschaften des Gemüts, den gemeinlichen Wandel, die Regierungssachen und allerhand bürgerliche Lebens- und Staatsgeschäfte beziehen.[13]

Die Verantwortung dafür tragen, so Leibniz, die Gebildeten: ,,Es sind nämlich die Gelehrten fast allein mit dem Latein beschäftigt gewesen, und die Muttersprache wurde dem gemeinen Lauf überlassen."[14]

Die Sprachtheorie, auf der Leibniz diese Sprachkritik gründet, beruht in einer Abhängigkeit menschlicher Denkleistungen von der Leistungsfähigkeit der Sprache. Die Menschen, so sieht es Leibniz, brauchen die Wörter, um ihre Gedanken darin festzuhalten und um mit den so festgehaltenen Gedanken dann selbst umgehen zu können oder mit anderen Gedanken austauschen zu können.

> Es ist aber bei dem Gebrauch der Sprache auch dieses sonderlich zu betrachten, dass die Worte nicht nur der Gedanken, sondern auch der Dinge Zeichen sind, und dass wir Zeichen nötig haben, nicht nur unsere Meinung andern anzudeuten, sondern auch unsern Gedanken selbst zu helfen.[15]

Wie im Handel der Einfachheit halber nicht das Gold selbst getauscht wird, sondern statt seiner der Geldschein (Wechselzettel), so werden im Gespräch nicht die Gedanken selbst ausgetauscht, sondern ihre vereinfachte Darstellung in der Sprache. Man könne nicht jeden Gedanken immer wieder neu denken oder überdenken, sondern müsse mit den abkürzenden Wörtern begnügen:

> wenn man im Reden und auch selbst im Denken kein Wort sprechen wollte, ohne sich ein eigentliches Bildnis von dessen Bedeutung zu machen, [würde

man] überaus langsam sprechen oder vielmehr verstummen müssen, auch den Lauf der Gedanken notwendig hemmen und also im Reden und Denken nicht weit kommen.[16]

Damit das aber funktioniert, damit das Vertrauen in die Sprache als das Tauschmittel der Gedanken gegeben ist und die Sprache der immer wieder nötigen Überprüfung stand hält, müsse sichergestellt sein, ,,dass die Worte als Vorbilder und gleichsam als Wechselzettel des Verstandes wohl gefasst, wohl unterschieden, zulänglich, häufig, leichtfließend und angenehm sind."[17]

2. Humanität und Sprachkritik im 18. Jahrhundert

Ich leite aus dem Gesagten drei Thesen ab, die der Aufklärungsliteratur zugrunde liegen:
– Die Frage nach einer vergangenen, von Gott verliehenen Ursprache ist irrelevant geworden. In jeder Sprache liegt das Potential zur Welt- und Selbsterkenntnis.
– Die Ausbildung und Weiterentwicklung der Sprache dient der Ausbildung und Weiterentwicklung der Denkfähigkeit und Kommunikationsfähigkeit des Einzelnen und einer Sprachgemeinschaft.
– Sprache bildet von sich aus Wirklichkeit nicht einfach ab, sondern bezeichnet Gedanken. Sie besteht aus Zeichen, die eine Sprachgemeinschaft oder ein Sprecher als Hilfsmittel für Gedanken und Dinge gebildet hat. Diese Zeichen können mehr oder weniger ,,wohlgefaßt, wohl unterschieden, zulänglich" sein. Sprache ist damit problematisch, kritisierbar und verbesserbar. Sprachgebrauch und Sprachkritik sind aufeinander bezogen.

Das entscheidende Charakteristikum der Aufklärung ist ihr anthropozentrisches Denken. Alexander Pope hatte in seinem Lehrgedicht ,,Essay on Man" (1733/34) formuliert:
Erkenne dich selbst. Maße dir nicht an, Gott zu erforschen, das eigentliche Studium der Menschheit ist der Mensch.
Indem die Aufklärung Leibniz folgt, beendet sie dem entsprechend die Spekulationen um die göttliche Herkunft und das göttliche Wesen der Sprache. Das Interesse konzentriert sich folgerichtig auf das Verständnis und auf die Weiterentwicklung der menschlichen Sprache.

Die Preußische Akademie der Wissenschaften stellt zwar 1770 noch einmal die Preisfrage, ob die Sprache der Menschen von Gott stamme oder eine Erfindung der Menschen sei. Aber die Frage war damals schon nur noch eine akademische Frage. Herder erhielt den Preis, weil er es am besten verstand, die verschiedenen möglichen Antworten zu integrieren. Seine ,,Abhandlung über den Ursprung der Sprache" nennt die ,,Sprache ein natürliches Organ des Verstandes".[18] Sie sei in ihren besonderen Möglichkeiten dem Menschen bei seiner Erschaffung als Anlage und Auftrag mitgegeben worden. Im Mittelpunkt von Herders Darstellungen stehen also folgende Überlegungen:

- Was sind die natürlichen Grundlagen der menschlichen Sprache?
- Wie setzt der Mensch seine Gedanken und Gefühle in Sprache um?
- Und vor allem: Welche Möglichkeiten sind dem Menschen zur Weiterentwicklung seiner Sprache gegeben?

Ich werde auf vier verschiedene dieser Möglichkeiten eingehen:
1. Die begriffliche Weiterentwicklung der Sprache
2. Klangliche Weiterentwicklung der Sprache
3. Weiterentwicklung der Kommunikationsfähigkeit
4. Entwicklung der Fähigkeit zur Sprachkritik

2.1 Die begriffliche Weiterentwicklung der Sprache

Die Forderung von Leibniz, auch in den Bereichen des geistigen Lebens, also vor allem in den Bereichen der Wissenschaften, nicht mehr die lateinische (und französische) Sprache zu verwenden, sondern die deutsche Sprache entsprechend zu entwickeln und so das kulturelle Niveau in Deutschland zu heben, war nicht ohne Widerstände durchzusetzen, ließ sich aber auch nicht aufhalten.

Als der Leipziger Jurist Christian Thomasius 1687 erstmals in deutscher Sprache zu einer deutschsprachigen Vorlesung einlud, war das ein Skandal: ein deutscher Ankündigungstext an das lateinische schwarze Brett der Universität! Die Proteste waren laut, und 1704 wurde ihm und anderen dieses Vorgehen schließlich verboten. Thomasius aber ließ nicht locker. Er gründete eine Rezensionszeitschrift, mit der er in deutscher Sprache ein wissenschaftlich und literarisch ausgerichtetes Forum schuf, das vor allem deutschsprachige Bücher vorstellte.

Einen ähnlichen Weg ging später Christian Wolff, der einflussreichste Philosoph der deutschen Frühaufklärung. Als erster akademischer Lehrer seines Faches publizierte er - neben seinen in der traditionellen Gelehrtensprache Latein verfassten Werken - auch philosophische Lehrwerke in deutscher Sprache. In den Jahren 1732 - 54 fand die Entwicklung der deutschen Sprache zu einer begriffssicheren Kultursprache dann einen gewissen Abschluß durch das von dem Verleger Johann Heinrich Zedler herausgegebene, insgesamt 68 Bände umfassende Große vollständige Universal-Lexicon aller Wissenschaften und Künste, das größte Nachschlagewerk des 18. Jahrhunderts überhaupt.

Diese Entwicklung darzustellen, wäre Sache der Philosophiegeschichte. Was ihren Niederschlag in der Literatur angeht, so wird uns die Frage nach der Zuverlässigkeit von Begriffen bei Lessing wieder begegnen.

2.2 Klangliche Weiterentwicklung der deutschen Sprache

Während Leibniz nur diese Begriffssicherheit, die terminologische Tauglichkeit der deutschen Sprache in Aussicht genommen hatte, entwickelte sich das Bewußtsein von den gestalterischen Möglichkeiten der deutschen Sprache in der zweiten Hälfte des 18. Jahrhunderts auch in anderer Hinsicht weiter: im Blick auf ihre akustische Qualität.

Ich gehe hier nur auf zwei Aspekte ein, die scheinbar extrem von einander entfernt sind und doch das gleiche Anliegen verfolgen: Aufschlüsse über das Wesen der eigenen, menschlichen Sprache zu gewinnen: Seit 1778 beschäftigte sich der Sekretär bei der ungarischen Hofkammer in Wien, Wolfgang von Kempelen (1734 - 1804) - berühmt geworden durch seinen Schachspielenden Automaten - mit Theorien der Akustik und mit der menschlichen Sprechorganen, um eine Sprechmaschine zu erzeugen: ein Mundstück oder Stimmrohr bildete die menschliche Stimmritze nach, ein Klappensystem regulierte den Windgang und seine Stärke, ein Blasebalg ersetzte die Lunge. In einem Buch hielt er seine Erkenntnisse und die Entwicklungsstufen seiner Maschine fest. So hielt er fest, die Vokale a, o, u seien leichter zu erzeugen als das e und gar das i; die Labiale leichter als Zisch- und Gaumenlaute. Besonders schwer sei das Verbinden der Laute zu Sprechsilben. Die Artikulation des Lateinischen und Italienischen gelinge besser als die des Deutschen.

Berichten zufolge soll die Maschine, die über eine Tastatur bedient wurde, mit der Stimme eines etwa vierjährigen Kindes laut und deutlich gesprochen haben.[19] Von Kempelen suchte mit seiner Konstruktion die menschliche Sprache physikalisch und physiologisch zu verstehen. Die psychologische Wirkung des Sprachklangs zu erfassen, den Einfluß des Sprachklangs auf den Hörer und damit auf den Sinn des Gesagten zu erfassen, das versuchte Friedrich Gottlieb Klopstock (1724 - 1803). Und er tat das mit einer Gründlichkeit und Radikalität, die ihn zum ersten deutschen Kultautor überhaupt machten. Er befreite die deutsche Lyrik von den Normen der Tradition und versuchte, Klang und Rhythmus der deutschen Sprache in immer neuen Experimenten auszureizen.

> Man hat viele überflüssige Regeln der Poesie gegeben, und bis zum Ekel wiederholt. [...]
> Das Wesen der Poesie besteht darin, dass sie, durch die Hülfe der Sprache, eine gewisse Anzahl von Gegenständen [...] von einer Seite zeigt, welche die vornehmsten Kräfte unsrer Seele [...] in einem so hohen Grade beschäftigt, dass eine auf die andre wirkt, [...] und [...] dadurch die ganze Seele in Bewegung setzt.[20]

Mit Hilfe der Sprache die Seele in Bewegung setzen, das war Klopstocks Programm. Seine Leser waren fasziniert von dieser völlig neuen Lyrik, durch „die bis dahin unerhörte Gefühlsmächtigkeit der Sprache, die Erregung, die sich in und durch das lyrische Sprechen mitteilte".[21] Sie waren fasziniert durch die Empfindungen, die Suggestivkraft, der sie sich durch Lektüre Klopstocks ausliefern konnten. Sie lasen Klopstock wie eine Droge. (In Goethes Werther wird das ja thematisiert).

Für Klopstock selbst bedeutete das Produzieren solcher Texte aber harte Arbeit, die auf rationaler Analyse der deutschen Sprache beruhte:

- die Laute,
- der Bau der Silben,
- der Bau und die Bildungsmöglichkeiten der Wörter,
- sprachliche Archaismen, verbrauchte Wörter,
- Neologismen,
- die Wortstellung,
- Satzrhythmus und Satzmelodie,
- der Reim,
- die verschiedenen Versmaße der europäischen Literaturgeschichte und ihre Umsetzbarkeit in die deutsche Sprache,
- die verschiedenen Wirkungen der Abweichung von den Regeln der deutschen Sprache, -

All das war Gegenstand seiner Überlegungen. Nie vorher hat ein deutscher Dichter das Dichten so sehr als harte Arbeit empfunden. Bewusst nahm er sich Großes vor: den Deutschen ein großes Epos zu schaffen, wie es Dante für Italien und Milton für England geleistet hat. Und er wählte sich das größte und sprachlich schwierigste Thema: die Menschwerdung Gottes, in einer schwierigen Form, dem Versuch, den griechischen Hexameter auf die deutsche Sprache zu übertragen. 18 Jahre lang erarbeitete und überarbeitete er sein Versepos „Der Messias" fast verbissen und ohne Rücksicht darauf, dass das ursprünglich begeistert aufgenommene Werk inzwischen kaum mehr jemanden interessierte.

> Sing, unsterbliche Seele, der sündigen Menschen Erlösung,
> Die der Messias auf Erden in seiner Menschheit vollendet,
> Und durch die er Adams Geschlechte die Liebe der Gottheit
> Mit dem Blute des heiligen Bundes von neuem geschenkt hat.

Man spürt bereits in diesen vier Zeilen das Vorhaben, das im ersten Wort des Werkes - sing, unsterbliche Seele - angedeutet ist: einen Text zu schreiben, der das Ohr und damit das Gefühl anspricht:

- Die weiten Bögen der Hexameter, die in aussageschweren Begriffen enden: Erlösung / vollendet / Liebe der Gottheit / geschenkt hat,

- der weite syntaktische Bogen, der seine Spannkraft erhält durch die Umstellung in Vers 1 (statt: die Erlösung der sündigen Menchen),
- durch die Auslassung am Ende von Vers 2 und durch den doppelten Relativsatz, der sein Ende über drei Genitivattribute auf zwei Verse hinauszögert.
- Hinzu kommen Anlautwiederholungen:
Sing, unsterbliche Seele, sündigen
Menschen, Messias, Menschheit
Geschlechte, Gottheit
Blute Bundes

Ein Blick in die Werkstatt von Klopstock würde zeigen, dass er allein für den vierten Vers fünf Varianten erprobt hatte, bis er sich für eine sechste entschied.

Und durch die er Adams Geschlechte die Liebe der Gottheit
Leidend, getödtet, dann verherrlichet, wieder erhöht hat
Leidend, getödtet und verherrlichet, wieder erhöht hat
Hier und droben die Guten beseligend, wieder erhöht hat
Mit dem Blut des heiligen Bundes hat wiedergegeben
Mit dem Blut des heiligen Bundes von neuem geschenkt hat.

Es wäre noch vieles anzuführen, Klopstocks Versuche mit verschiedenen antiken Odenformen, seine Sprengung aller Versregeln und seine Entwicklung der freien Rhythmen, seine Suche nach ebenso anschaulichen wie kühnen Metaphern: ich erinnere an die Metapher von der Erde als „Tropfen am Eimer",[22] der aus der Hand des Allmächtigen geronnen ist. Der Mensch erscheint in dieser Metapher fast marginal als einer von „myriadenmal hundert tausend, Die den Tropfen bewohnen und bewohnten".

Ich denke, es ist angedeutet, dass mit Klopstock das Menschliche an der menschlichen Sprache um eine Dimension entscheidend bereichert wurde. Hatten Leibniz und in seinem Gefolge die Rationalisten unter den Aufklärern versucht, die begrifflichen Möglichkeiten der deutschen Sprache weiterzuentwickeln, so stehen Klopstock und mit ihm die europäische Strömung des Sensualismus für die Weiterentwicklung sinnlicher Möglichkeiten der Sprache, für die Möglichkeiten, Empfindungen so auszudrücken, dass sie beim Gegenüber Empfindungen auszulösen vermögen. Rationalismus und Sensualismus führen zusammengenommen zu einer optimistischen Sprachauffassung: Der Mensch wird danach vollständig und ganzheitlich Mensch, wenn er sowohl seine Gedanken wie auch seine Gefühle auszudrücken verstehe. Aber ein drittes muss hinzukommen: die soziale Dimension: Sich ausdrücken genügt nicht, man muss sich auch mitteilen können.

2.3 Weiterentwicklung der Kommunikationsfähigkeit

Das 18. Jahrhundert war zumindest in seiner zweiten Hälfte ein Jahrhundert der Kommunikation. Nicht zufällig werden die kulturellen Veränderungen unserer Zeit, die aus der Entwicklung von Computern und Computernetzen hervorgehen, mit der Situation im 18. Jh. verglichen: mit dem Entstehen einer völlig neuen Kommunikationssituation, hervorgerufen durch die flutartige Verbreitung der Buchkultur, speziell der muttersprachlichen Buchkultur.

Die Zahl der deutschen Bücher verzwanzigfachte sich im Laufe des 18. Jahrhunderts. Die Bevölkerung erlebte eine literarische Revolution, eine Leserevolution.[23] Sie erlebte Kommunikation als völlig neue Kulturerfahrung:

Schreiben und Lesen als Gespräch zwischen fremden Menschen, die sich verständigen konnten, und das Gespräch über die Bücher, die man gemeinsam las, diese neuen Formen der Kommunikation wurden zum wesentlichen Faktor der Freizeitgestaltung, und zwar für breiteste Bevölkerungsschichten, vom Gelehrten bis hin zum Dienstpersonal, ermöglicht nicht nur durch den Buchdruck, sondern auch durch Lesesäle, die Leihbüchereien, die Lesegesellschaften und die literarischen Zeitschriften, die einen enormen Aufschwung erfuhren.

Keine Zensur konnte die Entwicklung aufhalten. Geschrieben und gelesen, diskutiert wurde nun über alles Mögliche: über die Obrigkeit ebenso wie über sich selbst, über Moral und Bildung, über Religion und Gefühlsleben, und natürlich über die Sprache und die literarische Qualität der Publikationen.

Das wichtigste Zentrum der neuen, diskussionsfreudigen, literarischen Öffentlichkeit wurde das Theater. Hier konnte man all diese Gespräche, die man selbst so gerne führte, als Zuschauer verfolgen. Und man konnte danach über Gespräche und Handlungen der Theaterfiguren diskutieren. Dazu musste das Theater aber erst einmal reformiert werden.

Johann Christoph Gottsched (1700 - 1766), ein Leipziger Philosophieprofessor, der, orientiert an Wolff eine erste philosophische Gesamtdarstellung in deutscher Sprache, ein Standardwerk zur ,,Deutschen Sprachkunst" und ein Standardwerk zur Literaturkritik ,,Versuch einer Critischen Dichtkunst vor die Deutschen" verfaßt hatte, dieser Gottsched, der Literaturpapst des 18. Jahrhunderts, hatte den entscheidenden Anteil daran, dass das Theater in Deutschland innerhalb kürzester Zeit zur Bühne für die deutsche Sprache wurde.

Gottsched störte sich an einer Bühnenpraxis, die vom Spektakel lebte, von Possen, Gaukeleien und Zoten und die weitgehend ohne Sprache auskam, dem Zirkus gleich - viele Schauspieler, ja ganze Schauspielergruppen kamen aus dem Ausland und beherrschten die deutsche Sprache gar nicht. Gottsched sah in einer veränderten Komödie die Möglichkeit, die breite Bevölkerung im Sinne des Bürgertums erziehen zu können. Zusammen mit der Schauspieltruppe der Neubers schuf er ein Theater, das statt auf Improvisationen auf Texten gründete. Gottsched selbst übersetzte Dramen, vor allem französische Dramen, ins Deutsche und legte Sammlungen von Dramentexten an. Und er hoffte, damit den Weg zur Entstehung

moderner, deutscher Texte zu ebnen.
- Nach Texten spielen, bedeutete, kontrolliert spielen. Eine der Folgen war, dass die Obrigkeiten, legte man ihnen ordentliche Texte vor, die erzieherisch wirken konnten, Theaterprivilegien verliehen. Aus Wanderbühnen wurde damit Theater im festen Haus, Institution des öffentlichen bürgerlichen Lebens.
- Nach Texten spielen, bedeutete aber auch, dass die Handlungen, die Dialoge, die Themen, die Formulierungen nun komplexer werden konnten
- und - dass die Art, wie auf der Bühne gesprochen, selbst Aufmerksamkeit erhielt.

Theater wird Bildungstheater, Sprechtheater, Theater, das kluge Gedanken und ein gepflegtes Sprachverhalten vorbildlich zur Schau stellen oder falsches Sprachverhalten, unüberlegte Äußerungen kritisieren konnte.

Die erste wirklich bedeutende deutsche Aufklärungskomödie, Lessing nennt sie noch 1767, also nachdem seine ,,Minna von Barnhelm" uraufgeführt war, ,,unstreitig unser bestes komisches Original, das in Versen geschrieben ist"[24] wurde 1747 von Johann Elias Schlegel verfaßt. Sie trägt den Titel ,,Die stumme Schönheit". Der Titel kündigt bereits an: es geht um ein Defizit an Sprache.

Die Handlung: Herr Richard lässt seine Tochter Leonore, damit sie die ,,neueste Bildung" erhält, in der Stadt erziehen: sie soll lernen, wie man sich wohl kleidet, sie soll Unterricht in drei Sprachen erhalten, bei einem Tanzlehrer lernen, sich richtig zu bewegen, soll lernen, die Gesellschaftsspiele zu beherrschen.

Der gutmeinende Vater bringt sie bei einer Bürgerwitwe unter, bei Frau Praatgern. Der Name ist im Dänischen sprechend und heißt so viel wie ,,Quasselgern". Diese Frau begeht nun einen Betrug, indem sie Leonore mit ihrer eigenen Tochter Charlotte vertauscht. Während Charlotte nun die teure Ausbildung, die Ausstattung sowie die Aussicht auf Herrn Richards Erbe und auf eine gute Partie erhält, muss Leonore aufs Land, wo sie bei Frau Praatgerns Schwester aufwächst. Als Richard zusammen mit Herrn Jungwitz, einem Heiratskandidaten, die Stadt besucht, um ihm seine vermeintlich gebildete Tochter vorzustellen, sind beide enttäuscht. Sie (wohl gemerkt, vorgestellt wird ihm das falsche Mädchen) ist unfähig zu jedem Gespräch, antwortet nur mit ,,Ja" oder ,,Ach nein" oder mit ,,Warum?" oder ,,Ich weiß nicht."

Lessing rät in seiner Besprechung des Stücks, die Schauspielerin, die die Charlotte, also die vermeintliche Leonore, zu spielen hat, solle ,,schöne, große Augen haben, geschmackvoll gekleidet sein und" so zierlich sein, als nur immer ein Tanzmeister lehren kann"[25] Allerdings soll auch erkennbar sein, dass all ihre Reize nur äußerlich, angelernt sind. Auf diese Weise könne das Defizit deutlich werden: sie ist schön, aber stumm; sie ist dazu erzogen, in Gesellschaft zu schweigen. Damit aber fehlte ihr jede Möglichkeit, sich einzuüben in selbständiges Denken und Gedankenaustausch.

Ganz anders ist die eigentliche Leonore aufgewachsen, ohne die höfische Erziehung, aber um so natürlicher, neugieriger, und aufgeschlossener. Als sie hört, Frau Praatgern habe Besuch, stellt sie sich sogleich bei ihr ein. Frau Praatgern ist entsetzt wegen ihres Verhaltens:
>Ich wundre mich, wie schlecht dich meine Schwester zieht.
>Kein Mädgen wird doch gut, das so viel Leute sieht.
>Nein! das geht nicht mehr an. Ich muss ihr Nachricht geben,
>Sie soll nicht so mit dir in Cameradschaft leben.
>Sieh an! wie du dich stellst. Das alles ist zu frey.
>Du wirst nicht etwa roth. bist nicht vor Leuten scheu.
>Du sprichst mit jedermann: Die Jungfern müssen schweigen,
>Und willst nur jeden Tag dich in Gesellschaft zeigen. (9. Auftritt)

Frau Praatgern stellt andererseits mit Befremden fest, dass Herr Jungwitz sich an der sprachlichen Zurückhaltung der von ihm Inspizierten stört, da er fürchtet, seine künftige Ehe würde monoton werden:

Jungwitz:
>Ein jeder fühlt in sich wohl heimlichen Verdruss,
>Wenn er sein halbes Herz selbst mit belachen muss,
>Wenn ihn das gute Weib, das er nur ungern zeiget,
>Beschämet, wenn sie spricht, und ärgert, wenn sie schweiget:
>Wenn er bey ihr allein stets küsset oder gähnt,
>Und sucht er Zeitvertreib, sich aus dem Hause sehnt.
>(2. Auftritt)

Soll ihr Betrug Erfolg haben, soll ihre Tochter unter die Haube, so muss Frau Praatgern nun reagieren. Sie verlangt, Leonore solle Charlotte etwas von ihrer eigenen - wie gesagt, von Frau Praatgern nicht gutgeheißenen, aber bei den Heiratsplänen offenbar nötigen - Offenheit und Sprachgewandtheit beizubringen versuchen. Leonore ist dazu bereit.

Ihre Lektion kann als Programm aufgeklärter Mädchenerziehung gelten, als Programm aufgeklärter Vorstellung von natürlichem, geistreichem, sensiblem, partnerbezogenem Gesprächsverhalten.

>Leonore zu Charlotte, der stummen Schönheit:
>Ich maße mich nicht an, Charlotte, sie zu lehren.
>Es lehrt sie die Natur. Sie können mich entbehren.
>Man braucht in der Welt, damit man sprechen kann,
>Nur Zutraun zu sich selbst: so ist es halb getan.
>[...]
>Ein Mund, wie ihrer ist, darf, wie es glücket, sprechen.
>Nicht jede, die gefällt, wird darum hochgeachtet,

Weil sie nichts anders sagt, als was sie wol bedacht.
Die Kühnheit, ohne Scheu was thörichtes zu sagen,
Gilt öfters für Verstand; die Kunst ist, es zu wagen.
(10. Auftritt)

Damit, so Leonore, könne Charlotte zumindest einen Anfang machen. Die Kunst, mit anderen Menschen zu sprechen, sei freilich erst nach langer Übung zu erreichen. Das Endziel, das Ideal, das Leonore nun darstellt, könnte beinahe eine Beschreibung der Gesprächsfähigkeit sein, die wir bei Lessings Nathan später kennenlernen:

Leonore:
Denn dass man mit Vernunft bejahet und verneinet,
Bey Kleinigkeiten selbst doch was zu sagen scheinet,
Zu rechten Zeiten scherzt, und allezeit mit Fleiß
von dem mit jedem spricht, was er zu sprechen weiß,
Und, wie man selber will, der andern Reden lenket,
Das fordert Umgang, Zeit, und dass man etwas denket.
(10. Auftritt)

Die weitere Handlung ist schnell beschrieben. Herr Jungwitz lernt nun auch Leonore kennen, ist fasziniert von ihr, will aber der vermeintlichen Braut noch eine Chance geben.

Das entscheidende Gespräch wird von der hinter einem Vorhang versteckten Leonore soufflierт. - ein Kabinettstück aufklärerischen Sprachwitzes: Dabei kommt es nämlich bei Charlotte zu Hörfehlern, so dass sie auf Jungwitz mit offensichtlichem Unsinn antwortet.

Leonore gelingt es zwar mehrmals, durch geistreiche Reaktionen die Situation zu retten. Aber schließlich kommt der Schwindel auf - und damit auch ganze Betrug der Praatgern. Jungwitz heiratet die aufgeweckte, aufgeklärte, sprachgewandte Leonore. Doch auch Charlotte erhält einen Mann: einen Freund des Hauses, einen Philosophen, der nur in seine Bücher versponnen ist und vor lauter Skrupel, etwas zu sagen, was noch nicht zuendegedacht ist, mit niemandem redet. Laconius ist sein Name.

Und der Kommentar zu dieser Verbindung:

Das Paar schickt sich recht wohl. Nur Hand in Hand geschränket,
Er spricht nichts, weil er denkt, und sie, weil sie nicht denkt.
(25. Auftritt)

Noch einmal also, ironisch gebrochen, das Ideal der Einheit von Denken und Sprechen.

2.4 Entwicklung der Fähigkeit zur Sprachkritik

Es scheint, wir hätten mit Leibnizens Forderung einer zum Denken geeigneten Begriffssprache, mit Klopstocks Sprache des Gefühls, mit Schlegels Gleichsetzung von Gemeinschafts- und Sprechfähigkeit das umrissen, was die Aufklärung als „menschliche Sprache" verstanden hat. Aber abgesehen davon, dass natürlich noch von Lessing die Rede sein muss - wir sind auch noch weit entfernt von Goethes „Ich kann das Wort so hoch unmöglich schätzen." Kritik an der Sprache, das war seit Leibniz Kritik an Menschen, die die Sprache nicht zu verwenden wissen. Die Sprache selbst bleibt mit dem bisher Dargestellten unbestritten. Noch bei Schlegel war Laconius mit seinen Sprachskrupeln eine komische Figur!

Mit einer einzigen Frage, die eine ernste Debatte unter den europäischen Aufklärern entzündete, wird all das, was bisher vom Wert der menschlichen Sprache gesagt wurde, in Frage gestellt: Was ist mit den Taubstummen? Wenn Menschlichkeit so sehr auf Sprachkompetenz beruht, sind dann Taubstumme überhaupt Menschen? Das 18. Jh. diskutierte diese Frage anhand von Aufzeichnungen medizinischer Fälle aus dem 17. Jh., aber auch im Gespräch mit Leitern von Taubstummenanstalten, mit Taubstummenpädagogen. Friedrich Nicolai besuchte selbst ein Wiener Taubstummeninstitut. Karl Philipp Moritz arbeitet intensiv mit dem Taubstummen Karl Friedrich Mertens.

Julien Offray de La Mettrie hatte 1748 die Frage verneint. Taubstumme seien „Tiere in Menschengestalt."[26] Er stellte sich damit gegen die Position von Descartes, der zwar ebenfalls die Sprache als Kriterium der Unterscheidung zwischen Menschen und Tieren angesehen hatte. Die menschliche Sprache hing bei Descartes aber nicht von den Organen, sondern von der Vernunft ab.

Positionen zwischen diesen Polen, zwischen Descartes und La Mettrie, hatten so einflussreiche Aufklärer eingenommen wie Christian Wolff, Gottsched und Condillac. Gottsched etwa hielt Taubstumme für zweifelsohne dümmer als andere Menschen. Immerhin aber, so räumte er ein, versuchten sie, wenn auch unzulänglich „durch Geberden ihre Begriffe [...] zu bezeichnen".[27]

Denis Diderot war einer der entschiedenen Verfechter der Sprachauffassung von Descartes. In einem „Lettre sur les sourds et muets, à l usage de ceux qui entendent et qui parlent" (1751) versteht er die Art der Taubstummen, sich zu äußern, als Frühform der Sprache und damit als eine Möglichkeit, die Entstehung der menschlichen Sprache zu begreifen: Die menschliche Sprache sei nicht entstanden als Versuch, irgendwelche Lebewesen oder Dinge lautlich nachzuahmen (so Dubos, Condillac, Batteux), sondern aus dem Bedürfnis, Unterscheidungen vorzunehmen und zu verallgemeinern, eigene Gedanken und Gefühle, Absichten und Bewertungen mitteilen zu können. Dazu hatten die Menschen möglichst viele Laute zu artikulieren versucht, um kontrolliert differenzierte Lautketten äußern zu können. „Da diese Lautzeichen nicht unmittelbar verständlich waren, mußten sie durch Gebärden auf den Gegenstand bezogen werden, den sie bezeichnen sollten."[28] Mimik und Gestik mußten also Wortsinn und

Sinnzusammenhänge vermitteln, mußten mithelfen, Semantik und Syntax der Phonemketten bestimmen. So betrachtete Diderot „die Entwicklung der Sprache als fortschreitenden Ersatz von Gebärden durch Wörter."[29]

Seine Haltung hat unter den deutschen Schriftstellern am intensivsten Karl Philipp Moritz verfolgt. Was der Mensch sei, was ihn vom Tier unterscheide, was seine Sprache bedeute: nämlich Ausdruck zu sein für die Denkkraft des Menschen, könne gerade an den Taubstummen erkannt werden:

> Dass nicht die Sprache gleichsam ein zufälliger Fund des Menschen sei, wodurch er sich vom Tier unterscheidet, sondern dass seine Denkkraft an und für sich selbst ihn schon vom Tier unterscheidet, indem sie sich selbst unter dem Mangel artikulierter Töne, empor arbeitet, und sich eine Sprache schafft, sie mag auch die Materialien dazu nehmen, woher sie wolle. - Dies lehrt uns der Taub- und Stummgeborne. Jeder durchbrechende Strahl der Vernunft muss uns bei einem Taub- und Stummgebornen vorzüglich willkommen sein, weil wir hieraus die Macht des menschlichen Geistes erkennen, der selbst durch die Beraubung eines ganzen Sinnes nicht unterdrückt werden und von seinem eigentümlichen Wesen, von seiner eigentlichen vorstellenden Kraft, nichts verlieren kann.[30]

Moritz beschreibt nun, wie die Taubstummen immer wieder neu an die Grenze ihrer Ausdrucksfähigkeit kommen, wie sie immer wieder neu Zeichen erfinden müssen, um Unsagbares mitzuteilen: sei es durch Einbeziehen der Möglichkeiten von Körpersprache, sei es durch Analogiebildungen, durch Bezeichnen eines Teils, um ein Ganzes auszudrücken oder umgekehrt. Bei all seinen Versuchen, Abstrahierungen und Differenzierungen sprachlich darzustellen, müsse der Taubstumme ständig daran arbeiten, seine Zeichen zu vereinfachen, ihre Tauglichkeit zur Mitteilung, also ihre Darstellbarkeit ebenso wie ihre Verständlichkeit zu überprüfen: „Erlangt er nun gleich durch dieses Streben nie seinen Zweck, so ist doch dieß unwillkührliche Streben selbst schon eine unmerkliche Uebung der Denkkraft".[31]

Wir sehen am Beispiel der Taubstummendebatte, wie sich im Laufe der Aufklärung die Frage nach der Menschlichkeit der Sprache weiterentwickelt. Der Taubstumme wird zum Paradigma für den Menschen generell.

Sprache selbst birgt weder Wahrheiten, noch Einsichten in sich. Sie ist nicht gottgegebener Schlüssel zur Welt, sondern in der Menschennatur angelegtes, kulturell entwickeltes Werkzeug menschlicher Denkkraft und Mitteilungsfähigkeit.

Sprache des Menschen kann nicht als Abbild funktionieren, zu komplex ist die Welt, zu komplex das, was der Mensch denken und empfinden kann, als dass die Bilder der Welt dazu reichen.

Sprache ist immer nur Versuch von Ausdruck, der mehr oder weniger klar, schön, ansprechend ist. Sprache ist damit problematisch, grundsätzlich kritisierbar.

Der Taubstumme als Paradigma, der Mensch im Ringen um Verständigung trotz aller Beschränktheit der zur Verfügung stehenden Ausdrucksmittel - Lessing (wen wunderts), verkörpert diese Vorstellung der Aufklärung von der menschlichen Sprache in besonderer Weise. Was Lessing an Hauptpastor Goeze über die Wahrheit schreibt, gilt auch für die Sprache: Das Ringen um sie, nicht ihr Besitz macht den Menschen aus.

Nicht die Wahrheit, in deren Besitz irgend ein Mensch ist oder zu sein vermeinet, sondern die aufrichtige Mühe, die er angewandt hat, hinter die Wahrheit zu kommen, macht den Wert des Menschen. [...] Der Besitz macht ruhig, träge, stolz - Wenn Gott in seiner Rechten alle Wahrheit, und in seiner Linken den einzigen immer regen Trieb nach Wahrheit, obschon mit dem Zusatze, mich immer und ewig zu irren, verschlossen hielte, und spräche zu mir: wähle! Ich fiele ihm mit Demut in seine Linke, und sagte: Vater gib! die reine Wahrheit ist ja doch nur für dich allein![32]

An bedeutenden Stellen des „dramatischen Gedichts" „Nathan der Weise" ist man stumm. Es fehlen die Worte - interessanterweise dort, wo Menschen besonders menschlich sind: zum einen dort, wo Menschen helfen: Der Tempelherr rettet Recha wortlos. Und er will drüber weiter nicht reden. Er selbst wird vom Sultan gerettet. Dem Patriarchen ist das verdächtig. Er verlangt Aufklärung für diesen Vorgang.

Tempelherr:

Weiß ich das selber? - Schon
Den Hals entblößt, kniet' ich auf meinem Mantel,
Den Streich erwartend: als mich schärfer Saladin
Ins Auge fasst, mir näher springt, und winkt.
Man hebt mich auf; ich bin entfesselt; will
Ihm danken; seh sein Aug' in Thränen: stumm
Ist er, bin ich; er geht, ich bleibe. Wie
Nun das zusammenhängt, enträthsle sich
Der Patriarche selbst. (Nathan, I. Aufzug/5. Auftr.)

Beide verstehen sich irgendwie, und können sich mit Worten in dieser Situation nicht verständigen. Es lässt sich vieles nicht so einfach aufklären, so könnte die Botschaft dieses Aufklärungsdramas lauten, dessen Thema die Möglichkeiten und Unmöglichkeiten der Verständigung sind.

Als Nathan vom Sultan die prekäre Aufgabe erhält, die Frage nach der „einleuchtendsten Religion" zu beantworten, fehlen auch Nathan die Worte. Er gibt keine Antwort, sondern erzählt eine Geschichte: die Parabel von den Ringen. Und der Sultan versteht:

Bey dem Lebendigen! Der Mann hat Recht. Ich muss verstummen.
(Nathan, III/7)
Die Ringparabel selbst erzählt ebenfalls von der Unmöglichkeit, den Konflikt der Brüder durch Sprache, durch Argumente, durch Klage zu lösen. Sie gehen zum Richter. Und auch er schweigt:
Denkt ihr, dass ich Räthsel
Zu lösen da bin? Oder harret ihr,
Bis dass der rechte Ring den Mund eröffne?
[...]
Ihr schweigt? (Nathan, III/7)

Taten, nicht Debatten, so der Richter, würden das Rätsel lösen.

So lad ich über tausend tausend Jahre,
Sie wiederum vor diesen Stuhl. Da wird
Ein weisrer Mann auf diesem Stuhle sitzen
Als ich; und sprechen. Geht! so sagte der
Bescheidne Richter. (Nathan, III/7)

Das Drama endet dann auch nicht etwa mit weisen, mit eindrucksvollen oder dramatischen Worten, sondern mit vielsagenden, stummen Gesten:

„Unter stummer Wiederholung allerseitiger Umarmungen fällt der Vorhang."

Nun ist „Nathan der Weise" natürlich kein wortkarges Drama, im Gegenteil, es wird eigentlich gar nicht gehandelt, viel miteinander gesprochen. Aber doch so, dass menschliche Sprache problematisiert wird.
Nathan gilt allen anderen Figuren als Meister des Sprachgebrauchs. Der Tempelherr spricht das auch aus:

Nathan - Ihr
Setzt Eure Worte sehr - sehr gut - sehr spitz -
Ich bin betreten. (Nathan, II/5)

„Sehr gut - sehr spitz ..." - selbst im Lob ein kritischer Hinweis. Später nennt der gleiche Tempelherr Nathan einen „Schwätzer" (Nathan, IV/4). Tatsächlich lernen wir Nathan, dessen Redegewandtheit auch Sittah, der Schwester des Sultan, Vergnügen bereitet, zunächst als einen kennen, der seine Redefreude im Eifer übertreibt, und der durch Reden intolerant wirken kann.
Schon mit seinem zweiten Gesprächsbeitrag fällt er (ein Paradebeispiel für das, was heute die feministische Linguistik zum unterschiedlichen Gesprächsverhalten von Männern und Frauen beobachtet) der Gesprächspartnerin Daja ins Wort,

eine Schwäche, die sich wiederholt. Ja, er verhindert, wenn es ihm günstig erscheint, auch ganz bewusst, dass andere zu Wort kommen.

> Daja: Mein Gewissen ...
> Nathan: Daja, laß
> vor allen Dingen dir erzählen ...
> Daja: Mein Gewissen sag ich ...
> Nathan: Was in Babylon
> Für einen schönen Stoff ich dir gekauft.
> So reich, und mit Geschmack so reich! ich bringe
> Für Recha selbst kaum einen schönern mit.
> Daja: Was hilfts? Denn mein Gewissen, muss ich Euch
> Nur sagen, lässt sich länger nicht betäuben.
> Nathan: Und wie die Spangen, wie die Ohrgehenke,
> Wie Ring und Kette dir gefallen werden,
> Die in Damascus ich dir ausgesucht:
> Verlanget mich zu sehn.
> Daja: So seyd Ihr nun!
> Wenn Ihr nur schenken könnt! nur schenken könnt!
> Nathan: Nimm du so gern, als ich dir geb: - und schweig!
> Daja: Und schweig! Wer zweifelt, Nathan, dass Ihr nicht
> die Ehrlichkeit, die Großmuth selber seyd?
> Und doch ...
> Nathan: Doch bin ich nur ein Jude. - Gelt,
> Das willst du sagen?
> Daja: Was ich sagen will,
> Das wißt Ihr besser.
> Nathan: Nun so schweig!
> Daja: Ich schweige. (Nathan, I/1)

Noch einmal versucht Daja, sich gegen Nathan durchzusetzen, diesmal nicht um ihrer selbst, sondern um Rechas willen. Recha ist völlig verstört nach dem Brand im Haus, nach der Rettung durch einen Retter, den sie für einen Engel hält. Und Nathan versucht nun, sie mit all seiner Logik und didaktischen Argumentation, mit der Methode des sokratischen Dialogs, von der fixen Idee, ein Engel, ein Wunder habe sie gerettet, abzubringen.

> Daja: Was schadet's - Nathan, wenn ich sprechen darf -
> Bey alle dem, von einem Engel lieber
> Als einem Menschen sich gerettet denken?"

Nathan lässt nicht locker, redet weiter auf Recha ein.

> Daja: Nathan, schonet ihrer.
> nochmals: Schonet ihrer, Nathan

nochmals:	Hört auf, und seht!
nochmals:	Hört auf! Ihr tödtet sie!. (Nathan, I/2)

Aber Nathan spricht weiter, ohne bei Recha damit irgend etwas zu erreichen. Vernünftig, sehr vernünftig, ist das, was Nathan Recha sagt, allemal. Und für das Publikum ist es durchaus programmatisch: Es bedürfe nicht der Wunder. Wunderbar und wundervoll seien die Menschen ohnedies. Nur, wie gesagt, Recha erreicht er, blind für ihre Lage, damit nicht.

Zwischen dem verschwätzten Nathan der ersten Szenen und dem am Ende verstummenden Nathan lernen wir immer mehr den Nathan kennen, der so gern als Ideal eines aufgeklärten, aufgeklärt denkenden und sprechenden Menschen bewundert wird. Es ist der Nathan, der sehr genau hinhört, die Gedanken seiner Partner kritisch prüft, der mitdenkt, indem er ihre Worte abwägt, Formulierungen in Frage stellt. Zum Beispiel:

Tempelherr:	Ich muss gestehn,
	Ihr wißt, wie Tempelherren denken sollten.
Nathan:	Nur Tempelherren? *sollten* bloß? und bloß
	Weil es die Ordensregeln so gebieten? (Nathan, II/5)

Nathan ist sich bewusst, dass es einen Unterschied gibt zwischen sein und heißen; dass Benennungen Vorurteile in sich bergen können:

Nathan:	verachtet
	Mein Volk so sehr Ihr wollt. Wir haben beyde
	Uns unser Volk nicht auserlesen. sind
	Wir unser Volk? Was heißt denn Volk?
	Sind Christ und Jude eher Christ und Jude,
	Als Mensch? Ah! wenn ich einen mehr in Euch
	gefunden hätte, dem es gnügt, ein Mensch
	zu heissen! (Nathan, II/5)

Als Saladin Nathan vorträgt, das Volk nenne ihn „den Weisen", überprüft Nathan auch diesen Begriff. Wiederum geht es ihm darum, zu unterscheiden, wie jemand genannt wird, und was jemand darunter versteht:

Nathan:	Und wenn es ihn
	Zum Spott so nennte? Wenn dem Volke weise
	Nichts weiter wär' als klug? und klug nur der,
	Der sich auf seinen Vortheil gut versteht?
Saladin:	Auf seinen wahren Vortheil, meynst du doch?
Nathan:	Dann freylich wär' der Eigennützigste

Der Klügste. Dann wär' freylich klug und weise
Nur eins. (Nathan, III/5)

Als Nathan in die Lage kommt, Recha aufklären zu müssen, dass er nicht ihr Vater, sondern ihr Adoptivvater ist, überlegt er, ob Vater sein und Vater heißen das gleiche sein könnte.

Ich bliebe Rechas Vater
Doch gar zu gern! - Und kann ich's denn nicht bleiben,
Auch wenn ich aufhör, es zu heißen? - Ihr
Ihr selbst werd ich's doch immer auch noch heißen,
Wenn sie erkennt, wie gern ich's wäre. (Nathan, IV/7)

Stets geht es darum, dass Sprache sich nicht einfach versteht, dass Humanität, das Verstehen des Mitmenschen, zu allererst bedeutet, die Sprache des andern zu verstehen; denn Sprache versteht sich nicht von selbst, weil jeder sie anders verwendet und versteht (so wie jeder Gott und Religion anders versteht und ein Streit darüber sinnlos ist.)

Lessing selbst hatte sich einmal als „einen der entschlossenen Wortgrübler" bezeichnet.[33] Im philosophischen Dialog „Ernst und Falk" wird das Dilemma der Sprache direkt ausgesprochen,

Ernst: Wovon ich einen Begriff habe, das kann ich auch mit Worten ausdrücken
Falk: [und er vertritt Lessings Position] Nicht immer; und oft wenigstens nicht so, dass andre durch die Worte vollkommen eben denselben Begriff bekommen, den ich dabei habe.
Ernst: Wenn nicht vollkommen eben denselben, so doch einen etwanigen.
Falk: Der etwanige Begriff wäre hier unnütz oder gefährlich. Unnütz, wenn er nicht genug; und gefährlich, wenn er das geringste zu viel enthielte.[34]

Wir sehen, wie sich die Vorstellung vom Umgang mit Begriffen verändert hat innerhalb weniger Jahrzehnte. Nicht eindeutige Definitionen, sondern der Diskurs führt für Lessing zur Verständigung.

Nicht nur Nathan, sondern auch die anderen Figuren führen immer wieder vor, wie Gespräche nur dann funktionieren, wenn man die entscheidenden Begriffe nicht einfach hinnimmt, sondern gemeinsam abklärt. Das zu verfolgen, würde hier zu weit führen. Aber dass der Dialog und damit auch das Drama die geeignete Form für die Lessingsche Vorstellung von kritischer, dialektischer Sprachreflexion ist, leuchtet wohl auch so ein.

Dass der Dialog in „Nathan der Weise" letztlich gelingt, weil alle Beteiligten sich mit Wohlwollen zu verständigen suchen, ist gattungsbedingt. „Nathan der Weise" ist ein Märchen, ein Wunschbild menschlicher Verschwisterung.

Der Gattung entsprechend anders erleben wir die Sprache in der Tragödie: Mit dem bürgerlichen Trauerspiel „Emilia Galotti" schreibt Lessing auch ein Trauerspiel des bürgerlichen Sprachideals. In der Tragödie setzt sich Unmenschlichkeit gegen Menschlichkeit durch, und in diesem Kampf stehen sich entsprechend auch unmenschlicher und menschlicher Sprachgebrauch gegenüber.

Protagonisten beider Seiten sind der Prinz und sein Höfling Marinelli einerseits, die bürgerliche Familie Galotti andererseits. Der Prinz hat sich in Emilia verliebt und bespricht sich mit Marinelli, wie an sie heranzukommen sei. Marinelli rät ihm, die beste seiner Möglichkeiten einzusetzen, die höfische Sprachgewandtheit,:

> Marinelli: Die Kunst zu gefallen, zu überreden - die einem Prinzen [...] nie fehlet.
> Der Prinz: Nie fehlet? Außer, wo er sie gerade am nötigsten brauchte. - Ich habe von dieser Kunst schon heut einen zu schlechten Versuch gemacht. Mit allen Schmeicheleien und Beteuerungen konnt ich ihr auch nicht ein Wort auspressen. Stumm und niedergeschlagen und zitternd stand sie da; wie eine Verbrecherin, die ihr Todesurteil höret. (Emilia, III/3)[35]

Emilia fühlt sich also bedroht, wehrt sich aber mit Stummheit, bleibt standhaft, lässt sich kein „Wort auspressen", was eine ihr eigene Art von Sprachbewußtheit verrät. Die scheinbare Sprachüberlegenheit erweist sich als Unterlegenheit. Daran ändert auch die weitere Dramenhandlung nichts. Am Ende unterliegt die höfische Überredungskunst der bürgerlichen Sprachbewußtheit, aber die äußeren Machtverhältnisse setzen sich durch, kosten Emilia Glück und Leben.

Es ist nicht nur Emilia, es sind die Frauenfiguren generell, die diese Sprachaufmerksamkeit und Hellhörigkeit verkörpern, diese Fähigkeit, die Zeichen der Mitmenschen zu verstehen, ganzheitlich, nicht nur auf die Wörter achtend, sondern auch auf Tonfall, Mimik und Körpersprache und deren Verhältnis zueinander. Claudia Galotti legt mit derartiger Sprachaufmerksamkeit die raffiniert ausgeklügelte Mordintrige an ihrem Schwiegersohn Appiani bloß:

zu Marinelli, dem Drahtzieher, der sich unwissend stellt:
> (bitter und langsam). Der Name Marinelli war das letzte Wort des sterbenden Grafen! - Verstehen Sie nun? - Ich verstand es erst auch nicht, obschon mit einem Tone gesprochen - mit einem Tone! - Ich höre ihn noch! Wo waren meine Sinne, dass sie diesen Ton nicht sogleich verstanden?

Marinelli versucht noch einmal, den Verdacht abzuwehren:
> Nun, gnädige Frau? - Ich war von jeher des Grafen Freund; sein vertrautester Freund. Also, wenn er mich noch im Sterben nannte -

Claudia.	Mit dem Tone? Ich kann ihn nicht nachmachen; ich kann ihn nicht beschreiben: aber er enthielt alles! alles! - Was? Räuber wären es gewesen, die uns anfielen? - Mörder waren es; erkaufte Mörder! - Und Marinelli, Marinelli war das letzte Wort des sterbenden Grafen! Mit einem Tone!
Marinelli.	Mit einem Tone? Ist es erhört, auf einen Ton in einem Augenblicke des Schreckens vernommen, die Anklage eines rechtschaffenen Mannes zu gründen?
Claudia.	Aha, könnt ich ihn nur vor Gerichte stellen, diesen Ton."

(Emilia, III/8)

Auch Emilia versteht diese Sprache ohne Worte. Als sie ihre Mutter sieht, weiß sie, welches Verbrechen geschehen ist:
> So ist sie wahr, die ganze schreckliche Geschichte, die ich in dem nassen und wilden Auge meiner Mutter las. (Emilia, V/6)

Umgekehrt hatte die Mutter sofort verstanden, dass ihrer Tochter etwas zugestoßen sein muss, als sie aus der Kirche kam:

Claudia:	Was ist dir, meine Tochter? Was ist dir?
Emilia:	Nichts, nichts. -
Claudia:	Und blickest so wild um dich? Und zitterst an jedem Gliede?

(Emilia, II/6)

Mit derartiger Sensibilität ausgestattet, sind Emilia und Claudia in der Lage, die höfische Sprache zu analysieren: Emilia schildert ihrer Mutter die Begegnung mit dem Prinzen, der sich in der Kirche hinter sie gesetzt und sie angesprochen hatte. Und sie kann psychologische Abläufe ausdrücken, nämlich das, was Lessing, vor ihm Klopstock, später auch Herder, als die entscheidende Macht sprachlicher Zeichen beschrieben haben: dass der Mensch zwar die Augen, nicht aber die Ohren schließen kann: dass Sprache die Fähigkeit hat, unsere Gefühle direkt anzusprechen, modern gesagt: das Unterbewusste zu erreichen, Bilder zu erzeugen, Gefühle zu wecken. Interessanterweise nennt sie das sprechende Subjekt, das sie ja nicht sieht, weil es hinter ihr in der Bank kniet, „es": Dieses „Es" habe ihr ihre Andacht, auf die sie sich konzentrieren wollte, genommen.

> so hört' ich, ganz nah an meinem Ohre - nach einem tiefen Seufzer - nicht den Namen einer Heiligen - den Namen - zürnen Sie nicht, meine Mutter - den Namen Ihrer Tochter! - Meinen Namen! - O dass laute Donner mich verhindert hätten, mehr zu hören! - Es sprach von Schönheit, von Liebe - [...] Es beschwor mich - hören mußt' ich dies alles. Aber ich blickte nicht um; ich wollte tun, als ob ich es nicht hörte. - Was konnt' ich sonst - Meinen guten Engel bitten, mich mit Taubheit zu schlagen; und wenn auch, wenn auch auf immer! - Das bat ich; das war das einzige, was ich beten konnte. (Emilia, II/6)

Die Mutter zeigt Verständnis für die Tochter; die die besonderen Eigenschaften der höfischen Sprache noch nicht kenne:
Der Prinz ist galant. Du bist die unbedeutende Sprache der Galanterie zu wenig gewohnt. Eine Höflichkeit wird in ihr zur Empfindung, eine Schmeichelei zur Beteurung, ein Einfall zum Wunsche, ein Wunsch zum Vorsatze. Nichts klingt in dieser Sprache wie alles, und alles ist in ihr so viel als nichts.(Emilia, II/6).

Virtuosität verkehrt sich in dieser pervertierten Sprachbeherrschung in täuschende Oberflächlichkeit, in semantische Leere. Die beim Fürsten in Ungnade gefallene Gräfin Orsina, anders als Emilia selbst dieser Sprache mächtig, drückt sich noch deutlicher aus.

„Meine liebste, beste Gräfin", so beginnt Marinelli seinen Versuch, Orsina klarzumachen, dass der Fürst nicht einmal mehr ihre Briefe liest.
Orsina: „wenn ich [...] Ihre liebste, beste Gräfin bin - Verdammt, über das Hofgeschmeiß! Soviel Worte, soviel Lügen!"

Marinelli beschwichtigt weiter: das Übersehen des Briefes bedeute nicht Verachtung, sondern nur Zerstreuung. Orsina denkt nun über die Bedeutung der beiden Begriffe nach und führt einen dritten Begriff ein, der ihr passender erscheint:

	Es braucht ja nur Gleichgültigkeit zu sein. Nicht wahr, Marinelli?
Marinelli:	Allerdings, allerdings.
Orsina (*höhnisch*):	Allerdings? O des weisen Mannes, den man sagen lassen kann, was man will! - Gleichgültigkeit! Gleichgültigkeit an die Stelle der Liebe? - Das heißt, nichts an die Stelle von etwas. Denn lernen Sie, nach- plapperndes Hofmännchen, lernen Sie von einem Weibe, dass Gleichgültigkeit ein leeres Wort, ein bloßer Schall ist, dem nichts, gar nichts entspricht. Gleichgültig ist eine Seele nur gegen das, woran sie nicht denkt; nur gegen ein Ding, das für sie kein Ding ist. Und nur gleichgültig für ein Ding, das kein Ding ist - das ist soviel als gar nicht gleichgültig. - Ist dir das zu hoch, Mensch? (Emilia, IV/3)

Die Entlarvung der Hofsprache als unüberlegtes Geplapper, leere Worte, das vollzieht die Orsina, indem sie selbst virtuos mit der Sprache und ihren Bedeutungen umgeht. Und sie zeigt noch mehr von ihrem Repertoire, indem sie die Dynamik der Sprache vom Flüstern bis zum Schreien spielerisch gegen Marinelli einsetzt:

so will ich Ihnen etwas vertrauen - etwas, das Ihnen jedes Haar auf dem Kopfe
zu Berge sträuben soll. - Aber hier, so nahe an der Türe, möchte uns jemand
hören. Kommen Sie hierher! - Und! *(Indem sie den Finger auf den Mund
legt)* Hören Sie! ganz in geheim! - ganz in geheim! *(und ihren Mund seinem
Ohre nähert, als ob sie ihm zuflüstern wollte, was sie aber sehr laut ihm
zuschreiet.)* Der Prinz ist ein Mörder! (Emilia, IV/5)

Die Orsina versteht es, Sprache in all ihren Varianten als psychologische Waffe
einzusetzen. Zuletzt wird sie damit zur Mitschuldigen am Tod der Emilia, zur
intriganten Mörderin. Ein einziges Wort benutzt sie als ihre Waffe, und sie weiß
dieses Wort zu inszenieren.

zu Odoardo:
auch Sie haben Verstand, guter Alter, auch Sie. - Ich seh es an dieser
entschlossenen, ehrwürdigen Miene. Auch Sie haben Verstand; und
es kostet mich ein Wort - so haben Sie keinen.

Odoardo:
Madame! - Madame! - Ich *habe* schon keinen mehr, noch ehe Sie mir
dieses Wort sagen, wenn Sie mir es nicht bald sagen. - Sagen Sie es!
Sagen Sie es!

und nach einigem Hinhalten der Orsina nochmals Odoardo:

Das Wort, Madame, das einzige Wort, das mich um den Verstand
bringen soll! heraus damit! - Schütten Sie nicht Ihren Tropfen Gift in
einen Eimer. - Das einzige Wort! geschwind.

Orsina:
Nun da, buchstabieren Sie es zusammen! - Des Morgens sprach der
Prinz Ihre Tochter in der Messe, des Nachmittags hat er sie auf seinem Lust-
schlosse.

Nach den ersten Reaktionen dann Orsina:

„Wirkt es, Alter! wirkt es?" (Emilia, IV/7)

Ja, es wirkt. Sie gibt ihm ihren Dolch, mit dem er den Prinzen zu töten bereit ist.
Doch der Vater besinnt sich. Er hat eine bessere Verwendung für den Dolch. Er
soll der Tochter, falls sie der Verführung nicht anders entgehen sollte, als letzter
Ausweg, als Werkzeug des Freitodes dienen. Kaum hat die Tochter, deren
psychische Kräfte aber bereits am Ende sind, den Dolch in der Hand, richtet sie

ihn gegen sich. Der Vater entreißt ihn ihr wieder:

Sieh, wie rasch! - Nein, das ist nicht für deine Hand.

Nun greift Emilia selbst zu dem Mittel, das auch die Orsina angewandt hatte: zum Mittel der höfischen Sprache, zur Sprache als Waffe: In hoher Erregung und zugleich kühl die Wirkung auf den Vater berechnend, verweist sie den Vater auf die Geschichte, die Livius erzählt, von Virginia, die ihr Vater tötet, um sie vor dem Zugriff eines Mächtigen zu bewahren.

Emilia tötet sich, indem sie den Vater mit den Mitteln der Sprache reizt:

(in einem bittern Tone, während dass sie die Rose zerpflückt.) Ehedem wohl gab es einen Vater, der seine Tochter von der Schande zu retten, ihr den ersten, den besten Stahl in das Herz senkte - ihr zum zweiten Male das Leben gab. Aber alle solche Taten sind von ehedem! Solcher Väter gibt es keinen mehr!

Odoardo:
Doch, meine Tochter, doch! *(Indem er sie durchsticht.)* - Gott, was habe ich getan.(Emilia, V/7)

Am Ende eines Aufklärungsdramas also eine Affekthandlung. Der tragische Sieg der Affekte gegen die Vernunft. Die sprachliche Verständigung unterliegt dem Dolch, weil die Sprache selbst zur Waffe geworden ist, auch im Bürgertum, das so sehr auf die Emanzipation durch Sprache gebaut hatte. Vor allem freilich dort, wo diese Sprache, die Sprache der Verführung und Galanterie, die Sprache des leeren Scheins und der Lüge, wo diese Sprache zur Waffe geschmiedet wurde, am Hof.

Natürlich kann der Blick auf das „dramatische Gedicht" „Nathan", das ja nach „Emilia Galotti" geschrieben wurde, etwas optimistischer stimmen. Es bleibt aber ein nüchterner Befund am Ende einer Epoche, die angetreten war, die Sprache nicht mehr als göttliche Gabe zu sehen, sondern sie in Besitz zu nehmen als menschliche Sprache; am Ende einer Epoche, die sich zum Programm gemacht hatte, den Menschen zum menschlichen Menschen zu bilden mit den Mitteln der Sprache, am Ende einer Epoche, die im Laufe des 18. Jahrhunderts gelernt hatte, dass die menschliche Sprache so menschlich und so unmenschlich ist wie die Menschen selbst.

Anmerkungen

1 Erler, Gotthard (Hrsg.) (1978) Herder: Erläuterungen zum Neuen Testament. Zit. nach: Goethes Faust-Dichtungen, Bd. 8 der Berliner Ausgabe von Goethes Werken, Berlin, Aufbau - Verlag, S. 813
2 Jöns, Dietrich Walter (1966) Das 'Sinnen-Bild'. Studien zur allegorischen Bildlichkeit bei Andreas Gryphius. Stuttgart, Metzler S. 6
3 Klaj, Johann: Lobrede der Teutschen Poetrey, zit. nach: Fischetti, Renate (Hrsg.) (1977) Die deutsche Literatur in Text und Darstellung. Bd. 4, Stuttgart, Reclam S. 43
4 Schottel, Justus Georg: Teutsche Sprachkunst, zit. nach: Fischetti, Renate (Hrsg. (1977) Die deutsche Literatur in Text und Darstellung. Stuttgart, Bd. 4, Reclam, S. 38f.
5 Wagenknecht, Christian (Hrsg.) (1969) Epochen der deutschen Lyrik 1600-1700. München (dtv), S. 343f.
6 Fischetti, Renate (Hrsg.) (1977) Die deutsche Literatur in Text und Darstellung. Stuttgart. Bd. 4, Reclam. S. 43
7 Harsdörffer, Georg Philipp/Schwenter, Daniel: Deliciae Mathematicae Et Physicae [...]. Nürnberg 1636ff., 2. Theil, S. 518
8 zit. nach: Zeller, Rosemarie (1974) Spiel und Konversation im Barock. Berlin, New York., de Gruyter. S. 159
9 Rosemarie Zeller, ebd. S. 167
10 Leibniz, Gottfried Wilhelm (1995) Unvorgreifliche Gedanken, betreffend die Ausübung und Verbesserung der deutschen Sprache. Stuttgart, Reclam, S. 70
11 ebd. S. 9
12 ebd. S. 8
13 ebd. S. 10f.
14 ebd. S. 8
15 ebd. S. 6
16 ebd. S. 7
17 S. 6f.
18 Herder, Johann Gottfried (1985) Abhandlung über den Ursprung der Sprache hrsg. von Hans Dietrich Irmscher. Stuttgart, Reclam, S. 43
19 Heuss, Theodor (1954) Der künstliche Mensch - Das Leben des Wolfgang von Kempelen. In: Th. H.: Schattenbeschwörung - Randfiguren der Geschichte. Frankfurt / Hamburg, Fischer S. 40-48.
20 Klopstock, Friedrich Gottlieb (1968) Messias, Gedichte, Abhandlungen. Hrsg. Uwe-K. Ketelsen. Reinbek, Rowohlt, S. 170
21 Zmegac, Viktor (Hrsg.) (1984) Geschichte der Deutschen Literatur. Bd. I, 1. 2 Aufl. Königstein/Ts., Athenäum. S. 98
22 Friedrich Gottlieb Klopstock. Die Frühlingsfeier, ebd. S. 89
23 vgl. von Ungern-Sternberg, Wolfgang (1980) Schriftsteller und literarischer Markt. In: Hansers Sozialgeschichte der deutschen Literatur Bd. 3 Deutsche Aufklärung. Hrsg. Rolf Grimminger, München, dtv: S. 133-185
24 Lessing, 13. Stück der Hamburgischen Dramaturgie
25 ebd.
26 Bezold, Raimund (1984) Popularphilosophie und Erfahrungsseelenkunde im Werk von K. Ph. Moritz. Würzburg, Königshausen u. Neumann, S. 46
27 ebd. S. 51.
28 Roy, Marie-Luise (1966) Die Poetik Denis Diderots. München, Wilhelm Fink S. 69
29 ebd. S. 70

30 Moritz, Karl Philipp (1991) Hephata!. In: Werke, Hrsg. Horst Günther, III. Bd. Erfahrung, Sprache, Denken, Frankfurt/M., Insel, S. 332f.
31 Moritz, Karl Philipp: Magazin-Revision, zit. nach: Raimund Bezold (1984) Popularphilosophie und Erfahrungsseelenkunde im Werk von K. Ph. Moritz. Würzburg, Königshausen u. Neumann S. 61
32 Lessing, Gotthold Ephraim (1982) Eine Duplik. In: Lessing, Werke in drei Bänden, Bd. III. Hrsg. Herbert Göpfert. München, Hanser, S. 363f.
33 Richels, Laurence A. (1984) Deception, Exchange and Revenge. Metaphors of Language in Emilia Galotti. In: Lessing Yearbook XVI, S. 37-54, hier S. 37
34 Lessing, Gotthold Ephraim (1982) Ernst und Falk I. In: Lessing, Werke in drei Bänden, Bd. III, hrsg. von Herbert Göpfert. München, Hanser, S. 602
35 Lessing, Gotthold Ephraim (1982) Emilia Galotti. In: Lessing, Werke in drei Bänden, Bd. I, hrsg. v. Herbert Göpfert. München, Hanser, S. 554

Gerhard Hebbeker

„Alle Aufklärung ist nie Zweck, sondern immer Mittel; wird sie jenes, so ists Zeichen, daß sie aufgehört hat, dieses zu seyn".

Meine Damen und Herren,

das Thema des heutigen Abends ist Zitat eines Satzes aus Johann Gottfried Herders „Journal meiner Reise im Jahr 1769" (Herder 1976, S. 91).

Dort, wo in der Ankündigung das Zitat aufhört, geht es im Herderschen Text nach einem Komma weiter:

„..., wie in Frankreich und noch mehr in Italien, und noch mehr in Griechenland und endlich gar in Ägypten und Asien."

Auf diese Fortsetzung des Zitats werden wir zur Illustration einiger Gedanken zu sprechen kommen.

Wichtiger ist zunächst, daß mir bei der Vorbereitung der Ringvorlesung „Aufklärung" dieses Zitat als Thema vorgegeben wurde, dankenswerter Weise, wie ich heute sagen muß; doch damals, inmitten vieler Beschäftigungen, „gab ich mein Wort ohne daß ich selbst wollte und ohne daß ich sagen kann, ein andrer habe mich dazu gezwungen." (a.a.O. S. 18)

Dieser letzte Satz stammt auch von Herder, aus einem anderen Zusammenhang, auf den ich sehr ausführlich zurückkommen werde.

Würde ich ihn schon jetzt verdeutlichen, dann würde ich selbst der Ausführung meines Themas zuvorkommen, denn er kennzeichnet nicht nur meinen persönlichen Zustand beim Akzeptieren des Themas, er kennzeichnet auch nicht nur Herders Zustand an einem wichtigen Punkt seiner Reise, sondern beleuchtet, wie nebenbei, ein mediales Verhältnis und Selbstverständnis, das in die Mitte des Mittel-Zweck-Zusammenhangs gehört.

Da Sie den Satz, verständlicherweise, wegen seiner trivialen Anwendung auf meine Person vielleicht überhört haben, wiederhole ich ihn hiermit:

„Ich gab mein Wort, ohne daß ich selbst wollte und ohne daß ich sagen kann, ein andrer habe mich dazu gezwungen."

Bevor ich mit der An- und Ausführung dieses Satzes meinen Vortrag vorzeitig beende, erwarten Sie gewißlich und mit Recht Belehrung von mir. Wenn ich Sie aber belehren soll und deswegen, weil ich es *soll*, Sie auch belehren *will*, muß ich *verbergen*, daß ich lehren will (S. 55): so wenigstens meint derselbe Herder, und wir wollen ja seine Sphäre nicht zu schnell verlassen, wenn wir schon von ihm auf die Bahn gebracht worden sind.

„Meine Methode lehrt alles, indem sie nichts zu lehren scheint" (S. 66), sagt Herder.

Indem ich Ihnen jetzt selber etwas vorgebe, nämlich, daß ich Sie nichts lehren will, wechsle ich zwei Positionen:
a) Statt zu dozieren werde ich erzählen.
b) Ich verlasse (im Geiste natürlich) das steife Katheder und besteige (mit Ihnen natürlich) dreimal ein Schiff.

Die drei Schiffsreisen, die wir jetzt gemeinsam unternehmen bzw. begleiten werden, bieten mir überdies, da sie klar zeitlich voneinander unterschieden und dennoch aufeinander bezogen sind, das erwünschte Mittel, meinen so merkwürdig auf den Weg gekommenen Vortrag zweckvoll zu gliedern.

1) Die erste Reise fand in mythischer Zeit statt, aber sagen wir, um einen Anhaltspunkt zu haben und unsere klaren Gliederungsabsichten nicht gleich zu verwässern: im Jahre 1203 v. Chr.

Es ist die Reise des Griechen Odysseus von Troia nach Ithaka, die ihn unter anderem an der Küste der Sirenen vorbeiführte. Autor der Reisebeschreibung ist Homer oder ein ihm sehr verwandter epischer Dichter, der etwa 400 Jahre später als die reale mythische Reise gelebt hat. Auf jeden Fall ist es derselbe Homer, von dem Herder während seiner Schiffsreise sagt, daß man einen ganz anderen Eindruck, ja „vielmehr tausend innigere Empfindungen" (S. 22) bekomme, wenn man ihn zu Schiffe lese und dann nicht nur lese, sondern fühle.

Dies ist zum Beispiel *eine* der Verschränkungen zwischen Reise 1 und Reise 3.

2) Die zweite Reise fand in moderner, allerdings noch nicht postmoderner Zeit statt, im Jahre 1944, und hat mit der ersten gemeinsam, daß sie dieselbe ist, allerdings dieselbe noch einmal und mit zwei neuen Passagieren an Bord: Max Horkheimer und Theodor Adorno.

Deren Reisereflexionen sind niedergelegt in ihrem Buch „Dialektik der Aufklärung", und dort in dem Exkurs I: „Odysseus oder Mythos und Aufklärung". Für die Beiden ist die erwähnte Vorbeifahrt an der Küste der Sirenen keine Episode neben anderen; sie scheinen das Interpretationsdeck des homerischen Schiffes überhaupt nur wegen und während dieser Sirenenpassage bestiegen zu haben; die Art ihrer Notierungen der Vermessung des an dieser Stelle besonders heiklen Zweck-Mittel-Zusammenhangs deutet darauf hin, daß sie außerhalb des Schiffes erfolgten und sich auf ein Instrumentarium stützten, das eher dem Lande zugehörig ist.

3) Die dritte Seereise ist die, von der wir eingangs schon profitierten. Sie führte Johann Gottfried Herder in den Sommermonaten des Jahres 1769 von Riga nach Nantes. Dabei kam er auch an der Ostküste der dänischen Insel Seeland und der Stadt Kopenhagen vorbei.

Dort lockte ihn eigentlich nicht so sehr die Seejungfrau, obwohl formenvollendet und aus einem Guß, sondern es reizte ihn ein Besuch bei dem zu der Zeit in dieser Stadt weilenden Friedrich Gottlieb Klopstock.

Dieser Moment, in dem das Schiff sogar vor Anker lag, ist ein besonderer, aber doch auch wieder nur *einer* unter vielen besonderen, die J.G. Herder in seinem erwähnten Reisejournal beschrieben hat.

Der Autor ist identisch mit dem Passagier; auch der Akt des Schreibens koinzidiert mit der Situation der Schiff-Fahrt. Was nachträglich zu Lande geschrieben wurde, verrät deutlich die Perspektive des Meeres.

Meine Damen und Herren,
bevor Sie über der Frage verzweifeln, ob ich wohl je das Ziel meines Vortrages erreiche, gesellen wir uns nun kurzerhand zu Odysseus und befinden uns schon auf der Reise Numero eins.

I. Odysseus hat die Fahrt ins Totenreich überstanden.

Die Zauberin Kirke findet bewundernde Worte für den Unentwegten und seine Gefährten und ist bereit, die Weiterfahrt und die Lösung aus ihren schmiegsamen Banden zu gewähren.

Am Vorabend der Abfahrt nimmt sie den lieben Odysseus bei der Hand und gibt ihm abseits von den Gefährten noch deutlichen Hinweis mit auf den Weg. (12. Gesang, Vers 38ff.)

Ich zitiere nun die göttlichen Verse auf deutsch. Oh, wie viel hätte Herder auf seinem Schiff darum gegeben, sie auf griechisch und von Homer selbst gesprochen zu bekommen. Den Wunsch Herders, die Verse mit dem Mund Homers zu sprechen, kann ich nicht erfüllen. Doch Sie, verehrte Zuhörer, könnten annäherungsweise *meinem* Wunsch entsprechen, die Verse mit Herderschen Ohren zu hören.

„Zunächst wirst du Sirenen begegnen. Diese bezaubern
Sämtliche Menschen, wer immer sie träfe. Wer diesen Sirenen
Unberaten sich nähert und anhört, was sie ihm singen,
Der kehrt nimmer nach Hause. Sein Weib, seine lallenden Kinder
Treten ihm nicht mehr zur Seite in herzlicher Lust. Die Sirenen
Sitzen auf grasigen Auen und wollen mit tönenden Liedern
Zauber bereiten; doch liegen daneben in Menge auf Haufen
Faulende Menschen, Knochen und schrumpfende Häute an ihnen,
Treibe da eilig vorbei! Nimm Wachs vom Honig und knet es,
Stopfe damit den Gefährten die Ohren! Es darf von den andern
Auch nicht ein einziger etwas vernehmen. Doch du, wenn du wolltest,
Höre sie! Stelle dich aufrecht, grad an den Halter des Mastbaums,
Lasse dich binden an Händen und Füßen im hurtigen Fahrzeug,
Laß dann die Enden am Mast noch einmal verknoten: dann hörst du

Schwelgend das Lied der Sirenen. Doch bittest du oder befiehlst du,
Daß die Gefährten dich lösen, dann sollen sie stärker noch fesseln.
Aber sobald die Gefährten an ihnen dann wirklich vorbei sind,
Will ich das Weitere nicht mehr zusammenhängend erzählen.
Welchen der Wege du nimmst, das mußt du dann selbst im Gemüte
Wohl überlegen; ich kann dir nur sagen das Entweder-Oder."
Soweit Kirkes nützliche Hinweise.

Es erfolgt dann das Lösen der Taue bei sich erhebender Morgenröte, ein guter Wind bauscht die schwellenden Segel, Odysseus informiert seine Freunde über die bevorstehenden Gefahren und die zu treffenden Maßnahmen, und rasch erreicht man besagte Insel der Sirenen. Die Winde ruhen plötzlich, Meeresstille entsteht, die Mannschaft geht an die Ruder, allen Gefährten werden die Ohren mit Wachs verstopft, Odysseus läßt sich aufrecht stehend am Mast verknoten. Die schon vorbeschriebene Szene vollzieht sich nun wirklich. Die betörenden Stimmen der Sirenen verheißen nicht nur süße Sinnlichkeit, sondern auch Wissen, ja Allwissenheit, Aufklärung über die Geschehnisse um Troia und alles, was sonst noch so auf der Erde geschieht.
So beginnt ihr heller Gesang:

„Hieher, Odysseus, Ruhm aller Welt, du Stolz der Achaier!
Treibe dein Schiff ans Land, denn du mußt unsre Stimmen erst hören!
Keiner noch fuhr hier vorbei auf dunklen Schiffen, bevor er
Stimmen aus unserem Munde vernommen, die süß sind wie Honig.
So einer kehrt dann mit tieferem Wissen beglückt in die Heimat.
Alles wissen wir dir, was im breiten Troja die Troer,
Was die Argeier dort litten nach göttlicher Fügung. Und allzeit
Wissen wir, was auf der Erde geschieht, die so vieles hervorbringt. (...)
Herrlich ließen im Sange diese Worte sie hören. Zu lauschen
Drängte das Herz, und ich gab den Gefährten befehlende Winke
Mich zu befrein - doch sie legten sich vor und ruderten weiter."

Zur Ablenkung vom Kurs verlockt also nicht nur die sinnliche Lust, sondern das Wissen, auf das der ewig neugierige Odysseus ebenso neugierig war wie auf alle Winkel des Lebens.
 Aber er weiß auch bei allem und vor allem um sein Ziel, die Heimat Ithaka, das Ziel, das er nicht aus dem Auge verliert.
 Bei der gleich anschließenden Einfahrt in die Enge zwischen Skylla und Charybdis gibt er dem Steuermann starke Befehle, sich fest im Gemüt zu verankern und dem Schiffe die Richtung zu geben, es aus dem dampfenden Gewoge herauszuhalten und feste Ziele zu fassen.
 Alle die großen, leidvollen, unheilvollen, glücklichen und glücklich bestandenen Abenteuer des Odysseus sind ja letzten Endes nur Umstände einer

Reise, die um des Zieles Ithaka willen unternommen wurde.

Das Schicksal treibt ihn um, aber das Ziel treibt ihn voran. Ziel ist der Nostos, die Heimkehr, das Ankommen; das Algos des Nostos, die Nostalgie, der Kummer um die Heimat und das Sich-Kümmern um die Heimfahrt ist die Leitlinie der Reise und der Leitfaden des epischen Erzählers.

Aber kärglich, dünn wäre dieser Faden ohne die unerwartet eintretenden Umstände, die Peripeteiai, wie nachklassisch und neugriechisch das Wort für Abenteuer lautet:

Der Umtrieb, das Herumtreiben, das Umwenden, die Wendung, die dem behaglich erzählenden Dichter reichlich Gelegenheit zu umschweifiger Darstellung bietet.

Was wäre die zielgerichtete Reise ohne die - zumindest im nachhinein - herrlichen abenteuerlichen Umstände; aber auch: Wie kämen die herrlichen Umstände zustande ohne das Ziel, das die Reise überhaupt erst in Gang gebracht hat.

Der Zweck erzeugte in den vielen Mitten zwischen Aufbruch und Ankunft die erfahrungsträchtigen Gelegenheiten, und diese ließen bisweilen sogar den Zweck in willkommene Ferne rücken.

Dieser Zusammenhang ist einfach da. Sollen wir ihn reflektieren, sollen wir ihn vermessen, das Eine dem Anderen zurechnen? Homer tut das nicht. Jeglicher Erklärungspflicht enthoben, lächelt er in narrativer Seligkeit. Schließlich verdankt er diesem Zusammenhang seine Erzählung. Lassen wir uns aber nun von einem neugriechischen Dichter aussprechen, wie ein Grieche den Zusammenhang empfindet.

Konstantinos Kavafis (1863 - 1933) ermuntert den Griechen in seinem Gedicht „Ithaka" mit folgenden Worten:

„Wenn du die Fahrt antrittst nach Ithaka,
wünsche dir, daß der Weg lang sei,
von Abenteuern voll, voll von Erkenntnissen.
Wünsche dir einen möglichst langen Weg
und daß es viele Sommermorgen gäbe,
an denen du, ach mit Vergnügen, ach mit Freude
Häfen anläufst, die dir nicht bekannt
Phöniziens Kaufläden zu besuchen und die gediegne Ware einzukaufen,
Perlmutt, Korallen, Bernstein, Ebenholz
und aller Art betörende Parfüme,
soviel du kannst betörende Parfüme.
Denken sollst du nur stets an Ithaka.
Die Ankunft dort ist deine Vorbestimmung.
Beschleunige aber deine Reise keineswegs.

Besser sie dauert viele Jahre lang
und du kommst erst als Greis auf die Insel,
reich an allem, was du unterwegs erwarbst,
keine Reichtümer mehr von Ithaka erhoffend.
Ithaka gab die schöne Reise dir.
Nur seinetwegen bist du aufgebrochen.
Nichts andres mehr kann Ithaka dir geben.
Und wenn du es fändest arm, Ithaka täuschte dich nicht.
Weise wie du geworden bist, mit viel Erfahrung,
hast sicher schon erkannt, was Ithaka und ähnliches bedeuten."
(Hellenika 1980, S. 29/30)

Das Ziel hat eine einzige Funktion: Das „Daß" der Reise; das „Was" des Reisens gibt sich unterwegs.

Wenn das Was in das Daß rückt, entsteht ein kritischer Punkt.

Wie benimmt sich der leidenschaftlich auf die See eingestellte Reisende nach seiner Ankunft auf dem Land? Wie geht es weiter? Wie geht man weiter? Geht man überhaupt noch, wenn man so viel auf dem Meere gefahren ist?

Herder erlebt diesen Übergang sehr bewußt beim Gang durch die Allee bei Nantes. Davon später. Und Odysseus?

Nach der Überwältigung der Freier und der Regelung seiner häuslichen Verhältnisse erzählt er seiner Frau Penelope seine Erlebnisse. Der zunächst umstrittene Vertrag mit seinem Volke wird durch Athenas Eingreifen zu einem ewigen Frieden geschlossen. Ansonsten: Rückblick auf das, was wir kennen. Unsere Lektüre ist hier sinnvoller Weise am Ende.

Wenn das Ziel *mehr* sein soll als Ziel, wenn es ausgedehnt wird, entstehen weitere Fragen und Beunruhigungen und Aufbrüche.

Ein anderer griechischer Dichter unseres Jahrhunderts, Nikos Kazantzakis, hat nicht nur eine Übersetzung der homerischen Odyssee ins Neugriechische verfaßt, sondern auch eine eigene gewaltige, 33 000 Verse umfassende Odyssee geschaffen. Er fängt dort an, wo Homer aufhört. Odysseus, der Langeweile im homerisch Ziel bleibenden Ziel überdrüssig, macht sich noch einmal auf und nimmt Kurs auf den Südpol, wo die Lust am größten und die Konfrontation mit Leben und Tod am höchsten ist.

Wieder kommt er am Gestade der Sirenen vorbei, wieder erklingen die Stimmen, aber diesmal holt er das Versäumte nach: Ohne Angst, mit übermenschlichem Willen zur Lust, läd er die Sirene an Bord. Man hört es platschen und wabbern und beben in den Versen von Kazantzakis, das Schiff taumelt, fährt an nichts mehr vorüber, sondern ist nun auf voller Fahrt, mit dem Gesuchten an Bord auf der Suche nach der Erfüllung unstillbarer Sehnsucht.

Meine Damen und Herren, dies alles gehörte noch zur ersten Reise, die Variationen inbegriffen.

II. Die zweite Reise, in die wir uns nun begeben, ist damit schon gut vorbereitet, materialiter sogar vollständig da. Der zweiten Reise dient die erste Reise eigentlich nur als Beobachtungsfeld zur Evaluation einiger inzwischen aufgetretener Gesichtspunkte.

Der zentrale dieser Gesichtspunkte ist das Verhältnis von Mythos und Aufklärung. Die Beobachter auf der Meta-Ebene des Schiffes, Horkheimer und Adorno, fassen dies in zwei Thesen:

schon der Mythos ist Aufklärung, und: Aufklärung schlägt in Mythologie zurück. (Horkheimer u. Adorno 1969, S. 6)

Diese Thesen werden an spezifischen Gegenständen durchgeführt. So wird Odysseus in den Blick genommen, während der Vorbeifahrt an den Sirenen und während einiger weiterer Szenen, die die erste stützen und ergänzen.

Die beiden Supervisoren der selbstkritischen Aufklärung sind hoch postiert.

Aus ihrer Perspektive erscheint Odysseus bedeutend kleiner als vorher. Wir hatten ihn bis dahin mehr auf gleicher Augenhöhe gesehen, fast von Mensch zu Mensch, vielleicht aus dem Blickwinkel der Gefährten. Nun wird er dünner und hagerer, eines der Strichmännchen in der Bebilderung einer Amphore der geometrischen Kunst. Kein Wunder: Odysseus hat seine volle Identität noch nicht gefunden.

Was er ist - als Subjekt - ist noch nicht mehr als eine Grenzlinie inmitten von Angriffen, zaubervollen Beeinflussungen, Verfügungen der Götter und des Schicksals, die von allen Seiten ihn bedrängen. Was ihn auszeichnet inmitten dieser Fremdbestimmungen, ist sein tapferes Herz, das ihn ausharren und durch alles hindurchgehen läßt. Doch auch sein Kopf ist heller, als man es bisher bei seinem mythischen Entwicklungsstadium erwartet hatte. Er benutzt ihn nicht nur für seine sprichwörtlichen Listen, mit denen er den Gefahren begegnet und entwischt. Es geht ihm schon um mehr, um mehr, als sich zu retten. Dies ist das bißchen *„Mehr"*, das unsere beiden Beobachter am meisten interessiert. Es ragt über die simple Rettungsabsicht hinaus, weit in unsere Neuzeit hinein. Es zielt in eine Spur, welche heißt: Sich-selbst-gewinnen als Ich. Der Ansatz zu dieser Spur, das erste Aufnehmen dieser Spur wird gerade in der Sirenen-Passage erkennbar.

Hatte Kirke dem Odysseus nicht genau beschrieben, was da auf ihn zukam? Hätte er da nicht andere Wege finden können als die künstlichen Machenschaften, die wir von der ersten Reise kennen? Sich den Sirenen zu offenem Kampf zu stellen und heroisch unterzugehen, wäre *eine* Möglichkeit gewesen; daß er dies vermied, ist verständlich. Aber immerhin wäre bei dieser Wahl den Sirenen ein natürlicher Respekt entgegengebracht worden, so wie ein Opfer.

Doch warum hat er nicht einen Umweg gemacht, warum hat er nicht einen Kurs weit außer Sicht- und Hörweite dieser Gestade steuern lassen? Bei Skylla und Charybdis ist das anders, da mußte er durch. Hier aber ist nach allen kartographischen Belegen kein Grund ersichtlich, warum er die Vorbeifahrt nicht einfach gemieden hat. Oder war der Grund ein unersättliches Wissen-Wollen?

Oder gar ein sich-selber-Wissen-und-Erfahren-wollen im Verfolg der Ich-Identität?

Um zu genießen und sich doch nicht einzulassen, setzt Odysseus die ersten Spaltungen: zwischen Gehör und Bewegungsmöglichkeit, zwischen ihm als dem privilegierten Herrn und der taub gemachten Mannschaft, zwischen dem sich selbst sichernden Ich und der rätselvollen Natur, zwischen der zu konsumierenden Natur und der mißachteten Natur, zwischen Jetzt und Danach.

Die Zeitlinie fädelt sich ein, die innere Anschauungsform des Bewußtseins, die die räumliche Situierung ablöst und die Leitlinie bildet, auf der in der Neuzeit das Ich seine Autonomie entdeckt. Autonomie als Ziel, dem das vorgebliche Ziel, die Heimkehr nach Ithaka, nur zur methodischen Fokussierung dient; Autonomie unter Verlust der Ganzheit, Autonomie, die ihre zugespitzte Positivität der Andersheit durch Negation gestohlen hat, Autonomie des Subjekts, das nicht bereit ist, dem Ausgegrenzten den Tribut zu zollen.

Ein Sich-Erkennen, ein Sich-Wollen, ein schrittweises Erfassen, das sich mit seinem Wege des Erfassens nicht befaßt, das den Impuls des Denkens nicht kritisch auf sich selber richtet, das die leichte Verschiebbarkeit der Begriffssetzung von Zweck und Mittel nicht flexibel reflektiert, das Ziele setzt, die nicht mehr rückgebunden sind an ihren Grund, das sich bei Zwecken festmacht, die doch nur Brücke sind.

Die Ansätze zu solchen und ähnlichen Auswüchsen haben die hohen Supervisoren mit äußerst scharfsinnigem Instrumentarium bei Odysseus ausgemacht; er wird auch dieses erdulden.

Obwohl sie nur distanzierte Mitreisende waren, war es doch eigentlich *ihre* Reise, oder besser: ihre *Erträge* der Reise waren *ihre* Erträge. Und sie haben ihre Erträge auf dem Lande verarbeitet, die von ihnen reflektierte Aufklärung ist Aufklärung aus der Landlage, das merkt man ihr deutlich an.

Sie ersehen selbst aus der Art meiner Erzählung, meine Damen und Herren, daß diese zweite Reisebeschreibung die am wenigsten beschreibende war.

Nichtsdestoweniger sind die klarsichtigen Interpretationsmuster der beiden blinden Passagiere des homerischen Fahrzeugs in ihrer Stringenz und in ihrem Ernst höchst bedenkenswert. Daß Odysseus selbst sie - bei dem gewaltsamen Zeitsprung - gar nicht bemerken konnte, sollte nicht als Kriterium gegen ihre kritische Funktion angeführt werden.

III. Wir begeben uns nun auf die dritte Reise und befinden uns in Gesellschaft eines jungen Mannes, dem die Seefahrt offensichtlich Spaß macht. Abgesehen davon, daß die Abreise aus Riga für ihn eine Erlösung, ja ein Befreiungsschlag aus unleidlich engen Verhältnissen war und daß er sich auf das Ziel der Reise, Nantes an der Mündung der so französischen Loire, freute, fühlte er sich auf dem Meere in seinem Element.

Wir wollen diesen Mann nicht interviewen, nicht direkt befragen, nicht bei jedem Wort nehmen, aber aufmerken bei den Worten, die er da vor sich hin und in sich hineinspricht. Sie scheinen dasselbe zu besagen wie die seiner Zeitgenossen und sind doch ganz anders. Sie nehmen das Meer nicht als Beispiel, sondern spielen sich heraus aus der Bewegung der Wellen, bleiben im Einklang mit dem Rhythmus des Schiffes, *mit* dem man von der Stelle kommt, *in* dem man aber immer am selben Ort bleibt.

Sollte die Art, wie er spricht und sieht und fühlt, nicht gute Auskunft geben können über den Sinn des Zweck-Mittel-Mottos, mit dem er uns selbst - vermittels seiner nachgeborenen Freunde - auf die Reise geschickt hat?

Wir stehen mit Herder an der Reling und schauen aus in die Wellen. Sie strömen vorwärts, scheinen sich immer schon voraus zu sein, haben Richtung und Kraft, und beugen sich dabei immer zurück in sich selbst, manchmal im Sturm mit gischtgekröntem First, manchmal sanft und wie zögernd.

Dabei wird der Drang nach vorn keineswegs zurückgehalten, er wird sogar, wie aus einer gegenläufigen Kreisbewegung heraus, hervorgebracht. Der Vorgang des Flutens ist unablässig begleitet vom In-sich-Gehen der Wellen. Die permanente *Inversion*, die sich da zeigt, ist dem ähnlich, was die Aufklärung aus der Landlage *Reflexion* nennt. Während aber die Reflexion die aufdringliche Präposition ,,Auf" mit sich führt und sogar dort, wo sie indirekt und negativ angesetzt wird, den harten Akkusativ regiert, ist der Inversion der Dativ einverleibt.

Die unauffällig immer mitgesprochenen ,,mir-s" und ,,sich-s" unseres Schiffsgenossen sind signifikant.

,,Ich werde nicht eher aufhören, bis ich mir selbst alles weiß, da ich bis jetzt mir selbst Nichts weiß." (Herder 1976, S. 14)

Der akkusativische Zugriff verliert nicht seinen dativischen Einbezug.

Dritter Fall und vierter Fall vermitteln sich wechselseitig, so daß sich ein Takt ergibt, der menschlich bleibt.

Die Welle, die allen Reichtum aus sich herausschwemmt, berührt sich.

Der *Fortgang* der Aufklärung, der in der Meerlage sowieso kein *Fortschritt* sein kann, gilt nur, wenn er sich berührt, wenn er die Mitte berührt, wenn er *rührt*.

Die Mitte, die gerührt wird, gerührt von der breiten Skala der Empfindungen, von den tief ineinander getönten Gefühlen, heißt Herz.

Natürlich ist oben der Kopf, und Herder wäre der letzte gewesen, den aufrechten Stand nicht zu begrüßen. Aber wenn es zum Schwure kommt, wird die Hand aufs Herz gelegt. Das Herz ist der Prüfstein; was dem Gerührtwerdenkönnen im Herzen entschwimmt, verliert sich in abstrakter Ferne. Das weit ausgebreitete Wißbare und Erfahrbare, was es gibt, gibt sich mir, rührt mich an, dockt an meiner Mitte an. Und was es für mich zu tun und zu forschen und zu denken und Station zu machen gibt, *ergibt sich*.

Das Schiff und die Wellen versetzen uns in eine mediale Aktionsform. Darin sind auch Zweck und Mittel immer schon organisch vermittelt. Die Frage, die wir dem Motto des Vortrages entnehmen dürfen, stellt Herder an uns, die Geometer des Landes, sie stellt sich ihm nicht. Aber liebenswürdiger Weise beantwortet er die Frage, ohne daß sie ihm selber gestellt ist, wie er offensichtlich viele Fragen der Aufklärer beantwortet, ohne selbst so gefragt zu haben.

Den Zweck werfen wir uns in die Zukunft voraus, und doch ist er innig vermittelt in das Konkrete der Gegenwart. Da bei einer Schiffahrt die Mitte sich immer mitbewegt, ist jeweils das Mittel immer auch Zweck.

Da das Mittel im Zweck geborgen und der Zweck im Mittel präsent ist, tritt das Mittel nicht mit dem Zweck in eine äußerliche Konkurrenz, und wir dürfen unser Motto verbal variieren, ohne seiner Intention zu widersprechen:

,,In der Aufklärung ist das Mittel immer schon Zweck; ist sie nun dieser, braucht sie nicht aufzuhören, jenes zu seyn."

(Anmerkung: Das Wort ,,Aufklärung" hat hier ein Sternchen; bedeutet: Orientierung aus der Meerlage heraus)

Wir stehen mit Herder immer noch an der Reling und betrachten die Wellen. Eine Mikrowelle möchten wir einmal beleuchten, wir möchten es den stillen Passagieren des zweiten Schiffes gleichtun, auch ein Fernrohr nehmen und eine Winzigkeit groß ins Auge fassen; diese Mikrowelle heißt ,,Geschmack".

Herder fährt immerhin nach Frankreich, wo er den Geschmack der Franzosen in Kultur und Sprache und Bildung noch mehr bewundern und genießen will. Dazu paßt auch das Horazische ,,Sapere aude", das uns Kant 15 Jahre später in der Version ,,Habe Mut, dich deines eigenen Verstandes zu bedienen" als Wahlspruch der Aufklärung übermitteln wird und das uns Herder indirekt schon in seiner *Elementar*-Version als ,,Lerne zu schmecken" zu verstehen gegeben hat.

Warum hat er bei alldem ausgerechnet die Franzosen, und diese als erste, in der Fortsetzung unseres Mottos als Beispiel eines krassen Verlustes des Aufklärungsgedankens angeführt?

Sollte im Geschmack selber eine Differenz zu finden sein, die Mittel und Zweck unnatürlich auseinandertreibt? Sind Geschmack und Schmecken in eine Juxtaposition geraten, bei welcher der Zusammenfluß von beiden nicht mehr stimmt?

Das Wort ,,saveur", das die französische Sprache aus dem lateinischen ,,sapere" abgeleitet hat, spielt im Französischen eine sehr geringe Rolle; es dient als Bezeichnung im grob materiellen Bereich, ist ein chemischer Ausdruck.

Das den französischen Stil *kennzeichnende* Wort für ,,Geschmack" ist ,,*goût*", der lat. gustus, der mehr das prüfende, vorprüfende, kritische Schmecken beinhaltet.

Geschmack, der ,,goût", ist im Französischen ein Hauptwort geworden, ein Substantiv, sehr eigenständig, zu eigenständig, vom Verb gelöst und abgehoben.

Der Franzose präsentiert uns den Geschmack als Resultat am fertigen Tisch, aber läßt uns nicht in die Küche, wo das Schmecken beginnt, wo zubereitet wird, wo die Lebensmittel zusammenfließen, wo auf jeder Stufe herzhaft gekostet werden darf, ohne daß dabei dem Geschmack des Ganzen vorgegriffen würde. Die Stärke der Franzosen ist ihre Schwäche. Diesen Sachverhalt entdeckt Herder in allen ihren Bereichen, vor allem in der französischen Sprache, in ihrer Philosophie und Literatur. Ihr Geschmack ist exzellent, aber falsch, weil abgelöst vom Vorgang des wahren Schmeckens.

Wir befinden uns schon mitten in Frankreich, haben an der Küste das Schiff verlassen und beeilen uns auf dem Landwege, Herder zu begegnen, wenn er in Nantes sein Ziel erreicht hat.

Denn das ist ja der kritische Punkt: das Erreichen des Zieles. Wie läßt sich die Bewegungsart des Schiffes in einer Gangart zu Lande fortsetzen? Herder probiert es aus in einer Allee in der Nähe von Nantes, und ich denke: mit Erfolg.

In der Allee befindet er sich zwar auf einer festen Bahn, aber sie führt durch Baumreihen unter grüner Wölbung. Die Natur ist so nah, daß er sie nicht objektivierend zum Gegenstand eines Anblicks macht. Das Wort für Anblick - aus der Meerlage heraus - heißt Ausblick, und das grüne Gitterwerk ist licht genug, daß es immer wieder den Ausblick in die offene Landschaft mit allem, was es darin zu bemerken gibt, eröffnet.

Das „Gothische Große" (a. a. O., S. 123) der grünen Wölbung entspricht der Erhabenheit der Empfindung bei seinem ersten Eintritt in die ihm neue Welt, und der so empfundene Eintritt in die neue Welt ruft in ihm den ersten Eintritt in die Welt der Empfindung auf. Der erste Ton kommt wieder, die erste Stimmung, der Schauder des ersten großen Gefühls, das erste Erschrecken vor der ersten großen Innigkeit.

Als Anfang fängt alles an, als Anfang kehrt alles wieder, in der Stimmung des gelösten Wandelns durch die Allee ist der Anfang ein ständiger Begleiter, der die Sorge um das Ziel vergessen läßt. Auch das Licht dieses Ganges ist ein Licht des Anfangs, des Aufgehens, ein orientalisches Licht, ein mildes Licht.

Die Lichtverhältnisse in der Allee entsprechen genau dem Zuschnitt der Herderschen Sehart:

Seine Belichtungsart hat einen besonderen Grad: es ist die Neigung für das Sombre, für das abgeschattete Licht, für das milde Helldunkel, in dem das gleißende Mittagslicht nur eine Phase ist. Herder läßt die Sonne des Tages getrost wieder untergehen und neu aufgehen, er ersinnt nicht Verfahren zu seiner ununterbrochenen linearen Fortsetzung, so wie auch im Geschichtsverlauf an der jeweiligen Stelle die entsprechende Palingenese erwartet wird.

Dieses Aufklärungslicht ist nicht das eines aggressiven Scheinwerfers, auch nicht das metakritische eines Superreflektors a la Adorno, der die Beleuchtung noch einmal beleuchtet. Nur das *verschattete* Auge wird selber erleuchtet, das sich zurücknehmende Sehen empfängt, in der Abschwächung des scharfsinnigen Hinsehens erlebt sich das Ereignis als ein Eräugnis. Herder, der ständig unter einer Augenkrankheit litt, war dankbar dafür, daß ihn die Natur am eigenen Leibe über die wahren Lichtverhältnisse der Aufklärung belehrte.

In einem Rhythmus, dem man sich anvertrauen kann, kommt dieses Aufklärungslicht Tag für Tag neu, jour par jour.

Das Aufklärungslicht ist nicht das Licht *des* Tages, sondern das Licht *dieses* Tages; und so ist der adäquate Ausdruck für das an diesem Tage mir Aufgegangene das Journal. Man muß von der Aufklärung journalistisch sprechen, und Sie werden längst bemerkt haben, daß ich mich hemmungslos und mit höchster Herderscher Lizenz der journalistischen Redeweise befleißigt habe.

Die Aufklärung verfehlt ihr Ziel, wenn sie die Mittagspunkte der Tage linear zum System verkettet und dem Tag nicht seine Lösung in die Nacht und dem Morgen nicht seinen Aufgang zu immer anfänglichem Licht verstattet.

Damit verabschieden wir uns von der dritten Seereise, zwar auf dem Lande, aber in der Stimmung des auf- und niederflutenden Meeres.

Meine Damen und Herren,
ich wollte Sie nicht belehren. Wenn Sie trotzdem etwas Derartiges bemerkt haben sollten, dann bitte ich Sie, dies zu entschuldigen. Dann habe ich mich immer noch nicht zur Genüge im Schatten der Aufklärung zum Verschwinden gebracht.

Doch das völlige Verschwinden im Schatten und das völlige Aufgehen im Licht: beides entspricht nicht dem Mittleren des Sinnes der menschlichen Lage.

Das Mittlere zwischen Licht und Schatten ist die unverrechenbare Differenz.

In dieser *Differenz* zu verschwinden, würde Herder entsprechen, täte der Aufklärung keinen Abbruch und zollte überdies der Postmoderne den heutzutage erwarteten Tribut.

Literatur

Herder, Johann Gottfried (1976) Journal meiner Reise im Jahre 1769. Herausgegeben von Katharina Mommsen unter Mitarbeit von Momme Mommsen und Georg Wackerl. Stuttgart, Reclam

Herder, Johann Gottfried (1977) Briefe Gesamtausgabe 1763 - 1803. Unter Leitung von Karl-Heinz Hahn herausgegeben von den Nationalen Forschungs- und Gedenkstätten der klassischen deutschen Literatur in Weimar (Goethe- und Schiller-Archiv). Erster Band April 1763 - April 1771. Bearbeitet von Wilhelm Dobbek und Günter. Arnold Weimar, Böhlau

Homer: (1967) Odyssee. Griechisch und deutsch. Übertragung von Anton Weiher. 3. Aufl. München, Heimeran (Tusculum - Bücherei)

Hellenika. Jahrbuch für die Freunde Griechenlands (1980) Herausgegeben von der Vereinigung der Deutsch-Griechischen Gesellschaft Bochum, (Die Übersetzung des Gedichtes von Kavafis stammt von Isidora Rosenthal-Kamarinea)

Horkheimer, Max und Theodor W. Adorno (1969) Dialektik der Aufklärung. Philosophische Fragmente. Frankfurt a.M., S. Fischer Verlag

Titelbild aus: „Lehr- und Lesebuch für die mittleren und oberen Klassen". München 1846

Horst Schiffler
Zur Rhetorik von Titelseiten und Illustrationen pädagogischer Schriften aus dem Geiste der Aufklärung

Wer ein modernes Buch aufschlägt, sieht sich in der Regel einer recht nüchternen Titelseite gegenüber, mit Verfasser, Buchtitel und Verlagsangabe, neben der unbedruckten Seite des Vorsatzblattes.

In vielen alten Büchern ist das anders; in ihnen schmücken ornamentale oder figürliche Vignetten die Titelblätter, ein Frontispiz oder Titelbild eröffnet dem Leser einen Blick in die Welt des Buchinhalts. Schon bald nach der Erfindung des Buchdrucks werden Bildholzschnitte mit dem Titel kombiniert. In der Folge geht man von solchen „Aufmachern" der Bücher nicht ab, verwendet aber zunehmend die Technik des Kupferstiches, die dem Bedürfnis nach größerem Detailreichtum und illusionistischer Bildauffassung mehr entspricht. Auch pädagogische Literatur bedient sich der Titelbilder und Titelvignetten.

Von Comenius können wir etwas über den Sinn dieses Aufwands erfahren. In seiner „Didactica magna" schreibt er über die Bücher, die in der Schule Verwendung finden: „Man soll die Bücher auch mit Titeln schmücken, die die Jugend durch ihre Lieblichkeit anziehen und zugleich den ganzen Inhalt hübsch kundtun".[1]

Wenn der Grundsatz, dass Titelvignetten und Titelbilder durch Lieblichkeit anziehen und zugleich den Inhalt kundtun sollen, allgemeine Gültigkeit beanspruchen durfte, kann man folgern, dass der Gestaltung solcher Bilder von Autor und Verlag ein besonderes Augenmerk gewidmet wurde. Es ist weiter zu folgern, dass sich in ihnen in besonderer Weise Grundpositionen und geistige Tiefenströmungen der Zeit ausdrücken. An einigen ausgewählten Beispielen möchte ich solchen Tiefenströmungen, die sich aus dem Geiste der Aufklärung entwickelt und in Titelbildern ihren Niederschlag gefunden haben, nachgehen. Dazu bediene ich mich überwiegend ikonographischer und ikonologischer Methoden, wobei die ikonologischen Untersuchungen auf Ansätze beschränkt bleiben müssen.

In einem „Lehr- und Lesebuch für die mittleren und oberen Klassen"[2] vom Anfang des 19. Jahrhunderts zeigt das Frontispiz eine friedliche Szene mit einem Erwachsenen und vier Kindern. Von einer Anhöhe geht der Blick weit über das Land. Die tiefstehende Sonne läßt an den Feierabend denken, den der Vater nutzt, um den Kindern etwas über die Welt zu erzählen.

Diese genrehafte Bildinterpretation mag sich uns aufdrängen, doch entspräche sie nicht den Vorstellungen jener Zeit. Weitere Titelbilder und Darstellungen aus anderem Zusammenhang weisen darauf hin, dass die Ideen der Aufklärung ihre Aussage mitbestimmen.

Die in der Bezeichnung „Aufklärung" enthaltene Programmatik sucht immer wieder nach bildhaftem Ausdruck mit Hilfe der Lichtsymbolik.

So darf auch im Kupferstich von Daniel Schubert vom Ende des 18. Jhs. mit dem Titel „Unterricht" der Symbolgehalt nicht unterschlagen werden, und der Zeigegestus des Vaters mit dem ausgestreckten Arm bringt den programmatischen Gedanken unmittelbar zum Ausdruck.

Wenn wir nun noch einmal zu unserem Ausgangspunkt, dem Titelbild des Lehr- und Lesebuchs, zurückkehren, wird klar, dass es sich um eine Darstellung mit symbolischer Bedeutung handelt; das Licht der Sonne symbolisiert den erhellenden, den aufklärenden Bildungsprozess. Der Aufgang der Sonne kennzeichnet sowohl den Anfang des historischen Prozesses als auch den Anfang des Bildungsvorhabens selbst, zu dem das Buch, dem das Bild entstammt, seinen Beitrag leisten will.

Eine schlichte Allegorie eines zentralen Anliegens der Aufklärung wird in der Titelvignette des Wochenblattes „Der Kinderfreund" von 1776 ins Bild gesetzt: Die Erziehungsbedürftigkeit und Erziehungsnotwendigkeit des Menschen. Der rechte Baum demonstriert, was ohne Erziehung geschieht: Krumm und verwachsen präsentiert sich uns der Wildwuchs. Das kleine Bäumchen, dem der Gärtner einen Pfahl beigibt als Halt, wird einmal eine hohe geradewachsende ansehnliche Pflanze sein, der die Lebenskraft des Brunnenwassers, mit dem - wenn notwendig - gegossen wurde, zu solchem Wuchs verholfen hat. Das Beispiel aus der Natur wird zugleich zum Gegenstand der Belehrung für die Kinder.

Kant hat den Tatbestand in seiner Schrift „Über Pädagogik" von 1803 so formuliert: „Der Mensch ist das einzige Geschöpf, das erzogen werden muß (...) Disciplin oder Zucht ändert die Thierheit in die Menschheit um (...) Der Mensch kann nur Mensch werden durch Erziehung (...) Es liegen viele Keime in der Menschheit, und nun ist es unsere Sache, die Naturanlagen proportionirlich zu entwickeln und aus ihren Keimen zu entfalten, und zu machen, daß der Mensch seine Bestimmung erreiche."[3]

Das ist es, was uns in der Titelvignette der Gärtner an einem Baum demonstriert. Ich komme zu einem anderen ikonographischen Motiv.

In einem Rahmen aus stilisierten Rokokopalmetten sehen wir in eine Landschaft zwischen einem Baum und barocker Einfassungsarchitektur. Zwei männliche Rückenfiguren - soweit erkennbar ein Kind und ein Jugendlicher - scheinen einer weiblichen Person zugewandt, an der das behelmte Haupt und ein Schild mit Lanze auffallen. Auf einem Schriftblatt ist zu lesen: „Pro Publico Bono". Versucht man den Sinn dieser Darstellung zu ergründen, wird man sich am besten erst einmal auf die so demonstrativ in Szene gesetzte Frau konzentrieren. Vergleichbare Bildmotive können bei der Suche nach dem Sinn des Bildes helfen.

„Unterricht", Kupferstich von D. Schubert

Titelvignette aus Weiße, Chr. Felix (Hrsg.) (1776) Der Kinderfreund. Ein Wochenblatt. Leipzig, Crusius

Titelbild aus Moritz, K. Ph. (1783) Unterhaltungen mit seinen Schülern, 2. Aufl., Berlin, Wever

Titelbild aus Knigge, A.v. (1800) Über den Umgang mit Menschen. 6. Aufl., Hannover

In Adolph von Knigges berühmtem Buch „Über den Umgang mit Menschen" stoßen wir auf ein Titelbild mit einer ähnlich ausgestatteten Person, die als „Prudence", „Klugheit", gekennzeichnet ist.[4]

Im Unterschied zur Darstellung bei Karl Philipp Moritz trägt die auf Wolken gelagerte Frau statt eines Schildes einen Spiegel. Über die personifizierte Klugheit lesen wir in Gailers „Neuer orbis pictus" von 1833: „Die Klugheit sieht nach allen Dingen umher, wie eine Schlange, und tut, redet oder denkt nichts vergebens. Sie sieht, wie in einem Spiegel, auf das Vergangene zurück und schaut vor sich hin auf das Künftige und auf das Ende (...) Nachdem sie die Absicht gewählt hat, sieht sie sich nach den Mitteln um, die zum Ziele führen."[5]

Ein weiteres Vergleichsbeispiel erscheint in der Titelvignette des Buches von August Hermann Niemeyer „Grundsätze der Erziehung und des Unterrichts" aus dem Jahr 1796.

Auch hier tritt eine behelmte, mit einem Brustpanzer ausgestattete Frau in Erscheinung, die in der Rechten einen Lorbeerkranz, in der Linken eine Leyer hält; neben ihr liegt ein mit einem Gesicht versehener Schild. Die Gegenstände auf dem Tisch symbolisieren die Künste und die Wissenschaften. Die Eule gilt seit der Antike als Vogel der Weisheit; der Baumstrunk mit dem Zweig ist ein in der Barockzeit häufig benutztes Zeichen für neues Leben, das hier unter dem Einfluß der Klugheit aufkeimt. Der Schild mit dem Kopf nimmt Bezug auf die antike Mythologie: Der Kopf repräsentiert das Haupt der Medusa, einer der drei Töchter der Gorgo; wer von Medusas Blick getroffen wurde, erstarrte zu leblosem Stein. Perseus gelang es, Medusa das Haupt abzuschlagen, indem er klug einen Spiegel zu Hilfe nahm um sich ihr zu nähern, ohne ihrem unmittelbaren Blick ausgesetzt zu sein.

Damit scheint die Bedeutung dieser Frontispizien klar: Mit Hilfe antiker mythologischer Anspielungen wird Klugheit bildlich inszeniert. Untersucht man das Bildmotiv der personifizierten Klugheit eingehender, dann zeigt sich eine bemerkenswerte ikonographische Veränderung in der Zeit der Aufklärung. In der Antike, dem Mittelalter und der Renaissance folgt die Darstellung der Klugheit einem anderen Bildmuster; ein Wesen mit drei Köpfen - zuweilen drei Hundeköpfen -, die den Blick in die Vergangenheit, Gegenwart und Zukunft andeuten, manchmal mit dem Attribut der Schlange versehen, bedeutete „Klugheit"; während das Bild einer Frau mit Helm und Brustpanzer als Sinnbild der segenspendenden Göttin Minerva gebraucht wurde.

In der Zeit der Aufklärung wurde also das dreigesichtige Wesen als Symbol der Klugheit aufgegeben; an seine Stelle tritt Minerva, die Beschützerin von Handwerk, Wissenschaft und Kunst, angereichert mit den Klugheitsattributen Spiegel, Schlange, Medusenhaupt. Die Klugheit wird damit neu akzentuiert, sie wird zur Lebensklugheit, zur auf Bewährung im praktischen Handeln in Handwerk, Wissenschaft und Leben angelegten Klugheit.

Dieser Gedanke findet in der Vignette von Niemeyers „Grundsätze der Erziehung" in einem leicht zu übersehenden Detail ebenfalls seinen Ausdruck: Die

Titelbild aus Niemeyer, A. H. (1796) Grundsätze der Erziehung und des Unterrichts.

Eule als Symbol abgeklärter Weisheit erscheint halb versteckt neben dem Schild; die alte spekulative Klugheit gehört zwar noch dazu, doch den Lorbeerkranz ziehen die Attribute von Wissenschaft und Künsten auf sich.

In der Frühscholastik bei Anselm von Canterbury heißt es, ,,Fides quaerens intellectus", ,,Der Glaube erheischt den Intellekt" oder anders gewendet, ,,Die Klugheit hat sich in den Dienst des Glaubens zu stellen". In der Aufklärung heißt es nun, die Klugheit hat sich in den Dienst der Menschwerdung mit den Mitteln von Wissenschaft, Kunst und Handwerk zu stellen. Das ist die Botschaft dieser Titelbilder.

Es sei eine Bemerkung eingefügt. Was wir uns heute mit beachtlichem Untersuchungs- und Interpretationsaufwand erschließen müssen, war den Gebildeten jener Zeit - und für diese waren die Bücher bestimmt - viel leichter zugänglich, denn eine Einführung in die Traditionen symbolischer und emblematischer Bildsprache gehörte zum Ausbildungsstandard, was sich u.a. durch die Verbreitung entsprechender Handbücher belegen läßt.

Mit zwei Beispielen wenden wir uns einem Inhalt zu, der, - wenn auch keine befriedigende Lösung - doch Denkanstöße durch die Aufklärung erfahren hat.

Das Titelbild zeigt die ,,Neue Bilderfibel" im Gebrauch: Im Freien sitzt eine bürgerlich gekleidete Frau, vielleicht die Mutter, die mit einem Jungen und zwei Mädchen die Bilder betrachtet und sie den Kindern erläutert. Sicher dürfen wir dem Bild eine Werbeabsicht unterstellen, doch in unserem Zusammenhang ist etwas anderes bemerkenswert - eine Frau und nicht der ,,Kinderfreund" als Erzieher wird in pädagogischer Funktion gezeigt.

Vergleichbares zeigt auch Salzmanns Moralisches Elementarbuch von 1785. Zwei Jungen und ein Mädchen lauschen konzentriert den Ausführungen einer Erzieherin.

Schon von Comenius war in seiner großen Didaktik die Notwendigkeit und die Bedeutung einer überlegten und planmäßigen Erziehung in seiner ,,Mutterschule" dargelegt worden. Der Gedanke wird von den Philanthropen wieder aufgegriffen und mit neuen Argumenten bekräftigt, so z.B. von Campe in seiner Schrift ,,Über die früheste Bildung junger Kinderseelen" von 1785.[6] Die Angesprochenen sind vor allem die Mütter. Sicher bleiben die Rollenbilder von Mann und Frau im Wesentlichen unangetastet, doch wird die Wirkung der Frau über den inneren Familienkreis hinaus durchaus gesehen. In seinem Buch ,,Väterlicher Rat für meine Tochter" schreibt Campe ,,daß nicht bloß das häusliche Glück, sondern auch, was dem ersten Gehör nach unglaublich klingt - das öffentliche Wohl des Staates größtenteils in ihrer Hand steht."[7] Diese gesellschaftliche Dimension der erzieherischen Rolle der Frau ist neu und findet ihren Ausdruck auch in solchen Titelbildern.

Was sich in Salzmanns ,,Moralischem Elementarbuch" im Titel ausweist - die Erziehung zur Moral - findet mehrfach seinen Niederschlag in Titelbildern. Als Beispiel diene eines der frühen weltlichen Lesebücher:

Neue und zweckmäßig eingerichtete Bilderfibel für Kinder aller Stände. Nürnberg (o.J.), F. Campe

Titelbild aus Salzmann, Chr. G. (1785) Moralisches Elementarbuch, 1. Theil. 2. Aufl. Leipzig, Crusius

Der Betrachter wird in einen Raum geführt, der durch die Standuhr als dem bürgerlichen Milieu zugehörig gekennzeichnet ist. Einer Gruppe von Personen, bestehend aus einem Erzieher und mehreren gut gekleideten Kindern, stehen Kinder in verwahrloster, zerrissener Kleidung gegenüber. Die Bildunterschrift lautet: „Ehe wir uns putzen, wollen wir dafür sorgen, dass diese sich bedecken können." Szene und Text sind dem 10. Kapitel des Buches entnommen.

Die Wahl gerade dieses Motivs entspricht den Zielen der Aufklärungspädagogik. Zu ihren Postulaten gehörte, dass alle menschlichen Kräfte möglichst ausgewogen und harmonisch entwickelt werden sollten; es galt das Prinzip, dass sich die aufgeklärte Freiheit dem Wohle der Gemeinschaft unterzuordnen habe, und dazu ist sittliche Erziehung erforderlich. Dieser Gedanke findet seinen Niederschlag in zahlreichen Bildungsschriften, in der Textauswahl der Lesebücher und in Bildern.

Eine weitere Thematik, die immer wieder anschaulichen Ausdruck gefunden hat, ist das Anschauungsprinzip selbst. Anstöße gehen sicher auf sensualistische Strömungen in der englischen Aufklärung zurück; auch Comenius mit seinem Orbis pictus kann als Wegbereiter gelten. Ab der 2. Hälfte des 18. Jhs. entstehen zahlreiche illustrierte Bücher, Anschauungsbilderbücher oder Bildermappenwerke, wie Basedows Elementarwerk; es ist interessant zu untersuchen, wie das Lernen mit Bildern auf den Frontispizien thematisiert wird.

Zu Stoy's „Bilder-Akademie für die Jugend", Nürnberg 1784, hat Chodowiecki das Frontispiz gezeichnet.

In der Bildmitte, vor einem großen schweren Vorhang, ist eine Personengruppe angeordnet - bestehend aus einer Frau und vier nur mit Tüchern sparsam bedeckten Knaben. Bücher und zwei Bilder liegen zu Füßen der Gruppe. Ein aufgeschlagenes Buch, das die Linke der Frau zur Hälfte bedeckt, zeigt auf der sichtbaren Seite Textzeilen, keine Bilder. Dafür läßt uns die Frau hinter den Vorhang schauen, wo wir eine Bilderwand erblicken mit in mehreren Reihen übereinander hängenden Gemälden, so wie man es von den ehemaligen Kunstkabinetten der Fürsten kennt.

Auf dem Sockel, der der Frau und einem Kind als Sitzgelegenheit dient, steht die Inschrift: „Clio gesta canens transacti temporis edit", „Clio kündet singend von den Taten einer vergangenen Zeit."

Clio, die Muse der Geschichte, hält eine Fanfare, somit das Attribut der Fama, der Göttin der Botschaft.

Auf den Bildern lassen sich sogar einzelne Szenen identifizieren: links unten der Turm zu Babel von Pieter Bruegel, darüber Kains Brudermord. Das Buch und die Lektüre aus dem Buch allein fesseln die Kinder nicht genug, der Blick auf die Bilder ist eine notwendige Ergänzung - besonders natürlich bei Gegenständen, die nicht gegenwärtig sind. Die Lehrerin Clio bedient sich der Bilder mit pädagogischem Anspruch: Sie überschwemmt die Kinder nicht mit einer Bilderflut, sondern lüftet den Vorhang zur Bilder-Akademie - wir würden heute sagen - nach mediendidaktischen Prinzipien, um den Blick auf eine begrenzte Auswahl freizugeben.

Titelbild zu Gutmann oder der Sächsische Kinderfreund (1809) Leipzig

Stoy, J.S. (1784) Bilder-Akademie für die Jugend. (Tafelband) Nürnberg

Frontispiz zu Herrn von Buffons Naturgeschichte der Vögel (1784), aus dem Französischen übersetzt durch Bernhard Christian Otto, 9. Band, Berlin

Titelbild zu Campe, Joachim Heinrich (1779) Robinson der Jüngere. Hamburg, Bohn

Auf andere Weise wird dieser Gedanke auf dem Titelkupfer zu Buffons „Naturgeschichte der Vögel", die im gleichen Jahr 1784 in deutscher Übersetzung erschienen ist, zum Ausdruck gebracht.

Die beiden Knaben, die als Symbole kindlichen Lerneifers und nicht als realistische Kinderfiguren gesehen werden müssen, zeigen in Gestik und Mimik die textergänzende und auch motivierende Funktion der Bilder. Die Verschränkung der beiden Medien findet ihren klaren Ausdruck: Das Kind, das auf den Text deutet, schaut auf das Bild, das Kind, das das Bild hält, ist mit dem Blick dem Text zugewandt.

Es entspricht dem Verständnis der Aufklärung, dass sich Erkenntnis auf Anschauung gründet; dabei hat natürlich die unmittelbare Wirklichkeitserfahrung Priorität, doch ein akzeptabler Ersatz können die Bilder sein.

1779 erschien Joachim Heinrich Campes Roman „Robinson der Jüngere", eine Bearbeitung des Buches von Daniel Defoe im Sinne aufklärerischer Bildungsvorstellungen.

Das Frontispiz zeigt rechts unten die Bezeichnung „Zusammengesetzt und gestochen von Chodowiecki"[8]; rätselhaft ist die sonst unübliche Kennzeichnung „zusammengesetzt". Die Aufhellung dieses Rätsels vermittelt zugleich einen Einblick in ein Spektrum der Ideenwelt der Aufklärung.

Unter einem Baum, an dessen Stamm eine Landkarte angeheftet ist, sitzt eine Gruppe von 10 Personen, acht Kinder und zwei Erwachsene. Ein Mann in mittlerem Alter, ziemlich zentral in der Gruppe, an den Stamm gelehnt, blickt auf von einem Textblatt, aus dem er wohl vorgelesen hat. Die Frau im Vordergrund und ein neben ihr sitzendes Mädchen sind mit Handarbeiten beschäftigt. Ein Teil der Kinder schaut - wie der Mann - in die Ferne. Die beiden Körbe unterstreichen den Charakter einer privaten, entspannten familiären Szene. Man kann sich vorstellen, dass Campe sich solcherart die ideale Vermittlungssituation für seinen Robinson gedacht hat. Dann wäre das Bild wie ein Aufruf zu lesen: Eltern nehmt euch die Zeit mit euren Kindern bildende Lese- und Gesprächssituationen zu schaffen. Es entspricht aber auch der Erzählsituation, die im Buch selbst konstruiert ist, wo - wie auf dem Bild - ein Erwachsener die Geschichte Robinsons berichtet, auf Fragen der Zuhörer eingeht und das Geschehen erläutert. Auf das Buch bezogen hat es natürlich auch werbende Absichten: eine Lektüre für Kinder verschiedenen Alters; eine Lektüre, die spannend und bildend zugleich ist.

Eine weitere Bedeutung des Bildes ergibt sich aus der Tatsache, dass die Dargestellten wirklichen Personen entsprechen.[9]

Ein Vergleich des Profils des Erwachsenen zeigt unverkennbare Ähnlichkeit mit einem Schattenriss des Verfassers, und auch andere überlieferte Portraits Campes untermauern den Schluss, dass er selbst als Erzähler des Robinson dargestellt ist.

Für die Mutter im Vordergrund hat Chodowiecki eine Kreidezeichnung von Christoph Knip (1748-1825) als Vorlage benutzt, die Campes Frau darstellt.

Auch das Mädchen neben ihr läßt sich identifizieren als Campes Tochter Lotte, und der Junge ganz links ist als einer von Campes Schülern nachgewiesen. Damit klärt sich das rätselhafte „Zusammengesetzt" in Chodowieckis Signatur. Er hat Portraitskizzen, die Christoph Kniep geliefert hatte, in diesem Titelkupfer zu einer Szene zusammengefügt.

Die Tradition des Autorenportraits läßt sich bis in die Antike zurückverfolgen: Das mehr oder weniger idealisierte Brustbild des Autors vor oder auf der Titelseite und auch das Dedikationsbild, das Bild des Autors, der sein Buch der Person, der er es widmet, darbietet, taucht über die Zeiten hinweg immer wieder auf.

Campes „Familienbild" als Frontispiz mit inhaltlichem Bezug ist neu. Es ist in dieser Gestalt erst möglich durch den Naturalismus der Aufklärung. Nicht in unnatürlicher Repräsentationspose, sondern in fast genrehafter Alltäglichkeit tritt man in Erscheinung; und umgekehrt: man selbst, nicht ein Repräsentant, eine Allegorie, tritt in Erscheinung. Der Mensch und Bürger Campe in Vollzug eines zentralen bürgerlichen Geschäfts - dem der Erziehung und Bildung - tritt auf den Plan.

Zugleich repräsentiert das Frontispiz das neue bürgerliche Bild der Familie. Die Mutter als Bezugsperson - verdeutlicht in der Geste des Jungen, der sich vertrauensvoll an sie schmiegt und den Arm auf ihre Schulter legt -, der Vater, der Welt zugewandt, der der heranwachsenden Generation den Weg in die Welt zeigt.

Was in den Titelbildern und Abbildungen pädagogischer Literatur der Aufklärungszeit an Programmatik zur Darstellung gebracht wurde, mußte auf seine Umsetzung in den Schulen noch eine Weile warten. Bestenfalls in den philanthropischen Anstalten in Dessau, Schnepfenthal und andernorts wurden solche Ideen in die Tat umgesetzt.

Wie der Bildungsdrang der Aufklärung aber auch dialektisch umschlagen kann, zeigt das Verhältnis einiger ihrer pädagogischen Vertreter zur Methodik.

Schon John Locke hatte über die methodische Effektivität von Unterricht nachgedacht und 1693 dazu u.a. den Einsatz von Lernspielen vorgeschlagen.[10] Ein Verfechter methodischer Neuerungen war Christian Heinrich Wolke, 1741 in Jever (Oldenburg) geboren. Nach Abschluß seines Studiums machte er die Bekanntschaft Basedows, der ihn zur Mitarbeit an seinem „Elementarwerk" - ein Unterrichtswerk auf der Grundlage von Bildern - gewann. Zugleich wurde er der Lehrer von Basedows dreijähriger Tochter Emilie. Durch Wolkes und des Vaters Unterricht machte Emilie sensationelle Lernfortschritte. Über Wolkes methodisches Geschick gibt es weitere Belege. 1784 - 1801 wirkte er in St. Petersburg. Ich zitiere aus einem Bericht über seine dortige Tätigkeit: „Der Chef der kaiserlichen Cadettenanstalt, Graf Balmaine, hatte ihm 12 Cadetten zur Verfügung gestellt, von denen die Hälfte Nationalrussen, die anderen Livländer, aber ebenfalls der deutschen Sprache nicht mächtig waren. Nach einmonatlichem Unterricht sollte Wolke das Meisterstück seiner Pädagogik vor zahlreichen gewählten Zeugen produciren. Am festgesetzten Tage wurden auf die Bitte Wolkes ein paar eben fertig gewordene, den Schülern also bisher unbekannte Gemälde herbeigeschafft, und die jungen Russen antworteten auf die an sie in deutscher Sprache gerichteten Fragen deutsch zum Staunen der Anwesenden. Als aber Wolke eine ihm dictierte, 2 Ellen lange Zifferreihe auf eine Holztafel schrieb und ein Russe sofort nach Enthüllung dieselben vollständig richtig nach ihrem decadischen Werte deutsch hersagte, fragte ein anwesender Professor und Gegner Wolkes ihn ganz erschrocken, ob er denn hexen könne."[11]

In Wolkes Werk „Buch zum Lesen und Denken" findet sich der Kupferstich mit dem Titel „Denklehrzimmer". Das Bild enthält in einer Zusammenschau Methoden und Medien für einen effektiven Unterricht und wirkungsvolle Selbstbildung.

Statt mit einer freundlichen Tapete und kindgemäßen Bildern sind die Wände mit 1 x 1-Reihen und Wortbildkarten ausgestaltet. Vor dem Fenster befindet sich eine Voliere, um Vögel zu beobachten, Trommel, Puppe und Schaukelpferd sind durch Lernmaterialien ersetzt.

In solchen Empfehlungen schießt die auf Rationalität gegründete Pädagogik über ihr Ziel hinaus. Aufklärung wird zu „schwarzer Pädagogik". Wenn letztlich alles, was ein Kind umgibt, im Dienste eines Bildungsprogramms steht, darf man mit Recht fragen, ob hier nicht die von der Aufklärung propagierte Idee der Freiheit ad absurdum geführt wird. Ein solcher Geist muss das auslösen, was im Zusammenhang mit dem letzten Beispiel zur Sprache kommen wird.

Joachim Heinrich Campe gab 1783 ein Buch heraus, das der Bildung und Erziehung im Jugendalter gewidmet war: „Theophron oder der erfahrene Ratgeber für die unerfahrene Jugend".

Das Frontispiz dieser Ausgabe zeigt uns eine Szene mit 2 Personen: In einer bergigen, eher dramatischen als beruhigenden Landschaft ermahnt ein würdiger Greis einen jungen Mann, der sich auf den Weg machen will, wie der Zeigegestus seiner Linken andeutet. Beide tragen antikisierte Gewänder; die Gestaltung des Bildes erinnert an die historischen oder mythologischen Darstellungen der Barockzeit. Der Kupferstich trägt die Bildunterschrift: „Vermeide die Landstraße", sie könnte - in moderner Version - als Sprechblase vor dem Munde des Alten vermerkt sein.

Das Bild nimmt eine konkrete Lebensregel auf und versucht, die Emotionen des Betrachters zu aktivieren durch die bewegte Landschaft, die besorgte Gestik des Greises und die Unbekümmertheit des barfüssigen Jünglings.

In einer Neuausgabe des Buches von 1790 hat sich die Szene gewandelt; eine hohe Frauengestalt steht zwei Jünglingen gegenüber, die unter einem Baum sitzen. Die idealisiert gekleidete Frau hält in der Rechten einen Stab mit einem Schriftband, in der Linken ein aufgeschlagenes Buch. Der vordere der jungen Männer hält eine Schrifttafel und ist im Begriff etwas aufzuschreiben, der andere Jüngling blickt die Frau lauschend, fast fragend an. Am vorderen Bildrand sieht man Bücher, ein Papierblatt und einen Zirkel, eine Schriftrolle und einen Krug.

„Denklehrzimmer", Kupferstich aus „Buch zum Lesen und Denken" von Chr. H. Wolke.

Titelbild zu Joachim Heinrich Campe (1783) Theophron oder der erfahrene Rathgeber für die unerfahrene Jugend. Hamburg

Titelbild zu Joachim Heinrich Campe (1790) Theophron Dritte, gänzlich umgearbeitete Ausgabe, Braunschweig, Schulbuchhandlung

Die Bildunterschrift lautet jetzt: „Erfahrung schriebs und reichts der Jugend".

Das Bild ist also der Versuch, diese Aussage sichtbar zu machen: Die Frau als Symbolfigur der Erfahrung bietet der Jugend ihre Lehren. Sie tut dies wohl mitten in das Geschäft des Studierens, denn wozu sonst sollten die Bücher und anderen Dinge verwendet worden sein?

Gegenüber dem 1. Bild erfahren wir hier die inhaltliche Exponierung auf eine allgemeine Ebene; der konkrete Rat wird ersetzt durch die allgemeine Botschaft: „Unerfahrene Jugend, verachte nicht die Worte des erfahrenen Ratgebers", wie im Titel angesprochen.

Stilistisch wählt der Künstler eine idealisierte, nicht zeitlich fixierte Darstellung, die den zeitunabhängigen Anspruch der Aussage kennzeichnen soll.

In einer Ausgabe des Theophron von 1801 hat sich die Szene auf dem Titelkupfer wieder gewandelt. In einer Art Parklandschaft übergibt ein älterer Mann zwei vor ihm stehenden, fast nackten Jünglingen ein Buch. Die Bildunterschrift ist gegenüber der Ausgabe von 1790 gleich geblieben: Erfahrung schriebs und reichts der Jugend.

Auffallend ist die stilistische Veränderung. Der alte Mann erinnert in Aussehen, Gewand und Haltung an antike Reliefs und auch die Jünglinge bezeugen mit ihrer Körpermodellierung, dem Kontrapost des Standmotivs, der Haarbildung ihre Herkunft aus der antiken Formenwelt. Auch die ausgewogene statische Bildkomposition unterstreicht den klassischen Eindruck.

Was mag Campe zu diesen Änderungen bewogen haben. Anpassung an den geänderten Zeitgeschmack allein rechtfertigte nicht den beachtlichen Aufwand, den ein neues Frontispiz mit sich bringt. - Aus erhaltenen Briefen zum Frontispiz des Robinson wissen wir, dass der Preis, den Campe an Chodowieki zu zahlen hatte, durchaus zu bedenken war.

Ich möchte folgende Hypothese als Lösung vorschlagen: Trotz des großen internationalen Interesses an der Pädagogik der Philanthropen im Geiste der Aufklärung gab es von Anfang an Kritiker und Skeptiker. Zum einen sind es konservative Bildungspolitiker und Kirchenleute, die am Bildungsprinzip der alten Lateinschulen hängen; die erwiesene Reformbedürftigkeit dieser Bildung macht es den Philanthropen leicht, sich der Angriffe aus dieser Richtung zu erwehren. Ernster zu nehmen sind jedoch die kritischen Stimmen aus dem Lager derer, die man später als Neuhumanisten kennzeichnet. Auf den Punkt gebracht wird diese Kritik durch Friedrich Immanuel Niethammer in seinem Buch „Der Streit des Humanismus und Philanthropinismus".[12]

Den Philanthropen wird vorgeworfen, ihr Realitätsglaube verleugne die geistige Natur des Menschen, die Orientierung an aktuellen Bedürfnissen und Inhalten, ihr Utilitarismus behindere eine lebensübergreifende Bildung. Anders als dem alten Schulhumanismus der Lateinschulen geht es dem Neuhumanismus beim Studium der klassischen Sprachen und des klassischen Altertums nicht um trockene Philologie, sondern um exemplarische Menschenbildung. Die klassischen Studien dienen der Bildung der Vernunft. Diese Vorstellungen werden zunehmend von prominenten Vertretern des deutschen Geisteslebens vertreten, und Campe ist zu klug, als dass er solche Stimmen ignorieren könnte.

So lese ich das Frontispiz der Ausgabe 1801 des Theophron als eine Antwort auf die kritischen Fragen des aufkommenden Neuhumanismus: Die Erfahrungen übermittelt nicht irgend ein Erfahrener an einen Jüngling - 1. Ausgabe 1783 -, auch nicht die neutrale, zeitunabhängige Personifizierung der Erfahrung - Frontispiz von 1790 - sondern die Lebensklugheit, wie sie uns schon in der klassischen Antike überliefert ist. Ein berechnendes, äußeres Zugeständnis Campes oder ein Ernstnehmen der Kritiker? Dies ist nicht zu entscheiden.

In der Beschäftigung mit Frontispizien pädagogischer Literatur wird deutlich, dass in einer Zeit, in der Bilder noch nicht zur Massenware oder zu rein dekorativem Beiwerk verkommen waren, sie subtile Botschaften enthalten konnten und dass sie im Kommunikationsnetz jener Zeit als ikonisches Zeichensystem beachtet und ernstgenommen wurden.

Anmerkungen

[1] Comenius, J.A. (1954) Große Didaktik (orig. 1657), hrsg. v. Andreas Flitner, Düsseldorf und München 1954

[2] Lehr- und Lesebuch für die mittleren und oberen Klassen. München 1846

[3] Kant, I: (1968) Immanuel Kant über Pädagogik (1803), hrsg. von D.F.Th. Rinck. In: Kants Werke. Akademie-Textausgabe, Bd. IX. Berlin, deGruyter. S. 441f.

[4] Knigge, A.v., (1800) Über den Umgang mit Menschen. 6. Aufl. Hannover

[5] Gailer, J.E. (1833) Neuer Orbis pictus für die Jugend. 2. Aufl., Reutlingen, S. 476

[6] Campe, J.H. (Hrsg.) (1785) Allgemeine Revision des gesamten Schul- und Erziehungswesens von einer Gesellschaft praktischer Erzieher. 2. Bd., Hamburg, S. 1-296

[7] Campe, J.H. (1789) Väterlicher Rath für meine Tochter. Ein Gegenstück zum Theophron. Braunschweig, S. 17

[8] Zur Bedeutung dieses Künstlers für die Illustration von Schriften der Aufklärungszeit vgl. den Beitrag von Hanno Schmitt (1997) Daniel Chodowiecki als Illustrator der Aufklärungspädagogik. In: Schmitt, H., Link, J.-W., Tosch, F. (Hrsg.) Bilder als Quellen der Erziehungsgeschichte. Bad Heilbrunn, Klinkhardt

[9] Den Nachweis führt Hans Wolf Jäger (1996) Campe im Bild. In: Visionäre Lebensklugheit. Joachim Campe in seiner Zeit: Ausstellungskatalog, Braunschweig und Wolfenbüttel, S. 33-43

[10] Scheuerl, H. (Hrsg.) (1975) Theorien des Spiels. 10. Aufl., Weinheim/Basel, Beltz, S. 19

[11] Schmid, K.A. (Hrsg.) (1875) Encyklopädie des gesamten Erziehungs- und Unterrichtswesens 10. Bd., Gotha, S. 458

[12] Niethammer, F.I. (1806): Der Streit des Humanismus und Philanthropinismus. Jena

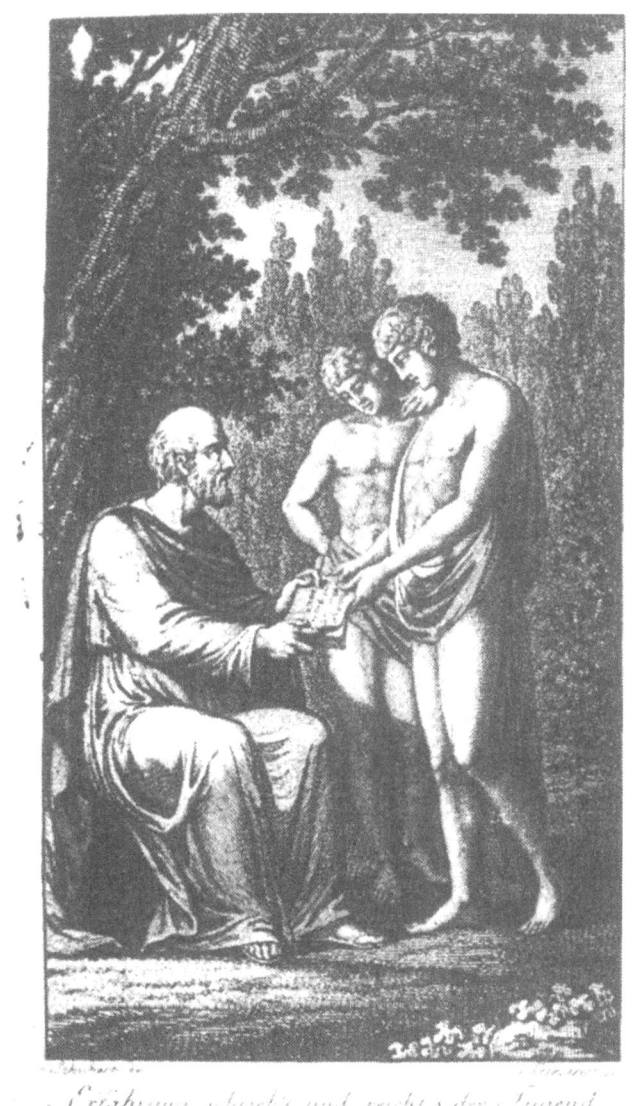

Titelbild zu Joachim Heinrich Campe (1801) Theophron. 6. Ausgabe Braunschweig

Hannsdieter Wohlfarth
Die Auswirkungen des Aufklärungsdenkens auf die Musik des achtzehnten Jahrhunderts

Kein anderes Jahrhundert, auch das zwanzigste nicht, kennt vergleichbare Umbrüche auf geistigem, religiösem, künstlerischem und politischem Gebiet wie das 18. Jahrhundert. Im Verlauf dieses einen Jahrhunderts vollzog sich im europäischen Geistesleben jener tiefgreifende Umwertungsprozeß, der das aus dem Mittelalter überkommene theozentrische Weltbild ablöste und eine auf den Einzelmenschen bezogene pluralistische Geisteshaltung an seine Stelle setzte und damit die Daseinsverfassung des neuzeitlichen Menschen begründete. Für den Menschen des frühen 18. Jahrhunderts stand Gott noch im Mittelpunkt aller Dinge und allen Geschehens: Alles war auf Gott hin ausgerichtet, alles war in Gott geborgen. Der „aufgeklärte" Mensch des späten 18. Jahrhunderts hingegen erlebte sich selber in einer Art Schöpferrolle - in der Kunst „Originalgenie" genannt - , dem es erlaubt war, der Welt in eigengesetzlicher Souveränität entgegenzutreten.

Ein Blick auf einige herausragende Gestalten dieses Zeitraumes macht den genannten Wandel deutlich. Zu Beginn des 18. Jahrhunderts lebten und wirkten noch die Repräsentanten der alten theozentrischen Weltanschauung: König Ludwig XIV. von Frankreich, Gottfried Wilhelm Leibniz, Johann Sebastian Bach. Während des letzten Viertels desselben Jahrhunderts aber schauen wir auf eine grundlegend veränderte Welt: Der moderne Gedanke der Volkssouveränität führte 1776 zur Unabhängigkeitserklärung der Vereinigten Staaten von Amerika, deren freiheitliche Ideale spontan nach Europa hinüberwirkten, wo am 14. Juli 1789 mit dem Ausbruch der Französischen Revolution das Ancien Régime vollends zerbrach. Zur gleichen Zeit schickten sich der Philosoph Hegel, der Komponist Beethoven und der Despot Napoleon Bonaparte an, ihrerseits dem neuen Geist zum Durchbruch zu verhelfen und eine Welt zu schaffen, in deren Nachfolge wir uns noch heute befinden.

Wenn wir diesen fundamentalen Wandel auf nahezu allen Gebieten als Folge des Aufklärungsdenkens verstehen, ist es notwendig, den Begriff *Aufklärung* kurz zu definieren. Unter „Aufklärung" im philosophischen Sinne ist grundsätzlich jede geistige Bewegung zu verstehen, die allein die Fähigkeiten des Verstandes und der Vernunft als Mittel der Erkenntnis zuläßt. Bewegungen dieser Art hat es im Laufe der Geschichte mehrmals gegeben, beispielsweise die „Sophistik" der Antike und die Epoche des Humanismus, beziehungsweise der Renaissance. Im engeren Sinne aber verstehen wir unter „Aufklärung" den das 18.

Jahrhundert beherrschenden geistesgeschichtlichen Umwertungsprozeß, der - von den westeuropäischen Ländern Frankreich und England ausgehend - seit etwa 1730 auch das deutsche Geistes- und Kulturleben bestimmte. Die Folge war, daß die aus dem Mittelalter überkommenen kirchlich-theologischen Denk- und Lehrsysteme in Frage gestellt wurden zugunsten einer modernen Weltbetrachtung und Welterkenntnis: das alte theozentrische Weltbild wurde abgelöst durch das anthropozentrische. Die neuzeitliche Art der Weltsicht gründete sich nicht mehr auf unumstößliche Glaubenswahrheiten, sondern auf die - erstmals im Bereich der Naturwissenschaften erprobten - Prinzipien der „Ratio", des „Sensus" und der „Empirie", das heißt: sie gründete sich auf die mit Hilfe des Verstandes, der sinnlichen Wahrnehmung und der praktischen Erfahrung gewonnenen Erkenntnisse. Daraus folgte: nur dasjenige, was einer Überprüfung seitens des Verstandes, der sinnlichen Wahrnehmung und der praktischen Erfahrung standhielt, durfte Anspruch auf Gültigkeit erheben. Der englische Aufklärungsphilosoph John Locke faßte diese Anschauung in dem Satz zusammen: „Nihil est in intellectu quod non prius fuerit in sensu" („Nichts ist im Geiste, was nicht zuvor in den Sinnen war"). Und Immanuel Kant stellte fest: „Aufklärung ist der Ausgang des Menschen aus seiner selbstverschuldeten Unmündigkeit."

Die damals allgemeine Überzeugung, daß es dem Menschen jetzt möglich sei, mittels kritischer Forschung zu einer freien Welterfassung zu gelangen, hatte zunächst eine äußerst optimistische Lebenseinstellung zur Folge. Das mittlere 18. Jahrhundert erschien den meisten Zeitgenossen (und in der Rückschau auch uns!) als ein helles, durchlichtetes Jahrhundert. Es war hell gegenüber der Vergangenheit, dem Mittelalter und dem Barock. Es war hell aber auch gegenüber der nachfolgenden Romantik mit ihrem Hang zum Nächtlichen und Unbestimmbaren. Die Menschen des aufgeklärten 18. Jahrhunderts waren überzeugt, daß menschliche Glückseligkeit nicht erst im Jenseits, dem „Himmel", sondern zunächst und vor allem hier auf Erden zu erreichen sei. Als die Mittel dazu wurden erkannt: eine auf Vernunft gegründete allgemeine *Bildung* sowie die „Tugend" im Sinne der *Humanität*. Dieses neue Lebensgefühl hatte auch weitreichende Folgen für die Musik. An die Stelle der gelehrten, kontrapunktisch gearbeiteten Musik trat eine „natürliche", leicht verständliche Musik, die freilich stets auch kultivierten, künstlerischen Ansprüchen genügen mußte. Diese erste nachbarocke Kompositionsweise wird als „Galanter Stil" bezeichnet. Ihm folgt um die Jahrhundertmitte, vorzugsweise in Deutschland, der „Empfindsame Stil." Beide nachbarocke Stile bildeten sodann, angereichert um stilistische Elemente der neapolitanischen Opera buffa, die Grundlage für die um 1780 aufblühende Musik der Wiener Klassik, die sich kurz vor dem Ende des 18. Jahrhunderts mit den ersten Äußerungen der literarischen Romantik (Wackenroder, Tieck u.a.) zeitlich überdeckt.

Man beachte: Spätbarock und Frühromantik gehören demselben 18. Jahrhundert an! Dieser grundlegende Wandel soll zunächst einmal an einigen ausgewählten Originalzitaten jener Zeit verdeutlicht werden. An Hand von vier Aussagen aus dem 18. Jahrhundert soll gezeigt werden, wie sich die allgemeine Veränderung des Welt und Seinsverständnisses auch auf die *Musikanschauung* auswirkte, denn die Auffassung von dem, was Musik sei und worin ihre Aufgabe bestehe, wandelte sich im Laufe dieses Jahrhunderts auf eine nicht minder radikale Weise als wir es hinsichtlich des allgemeinen Umwertungsprozesses beobachteten.

Für den Beginn des 18. Jahrhunderts ist die erste begriffliche Bestimmung der Musik bezeichnend. Sie stammt von dem Musiktheoretiker Andreas Werckmeister (1645-1706). In seinen Schriften definiert er die Musik mit folgenden Worten:

„Es kann aber in Musicis nichts natürliches geschlossen und erkandt werden, wo nicht Ratio, das ist Arithmetica und Mathesis, vorher den rechten Weg zeigeten. (...) Die Musica ist eine Mathematische Wissenschafft, welche uns durch die Zahlen zeiget den rechten Unterschied und Abtheilung des Klanges, woraus wir eine geschickte und natürliche Harmoniam setzen können." (Werckmeister 1687, S. 9f.) „Daß die Musica oder Harmonia, Ihren Uhrsprung von GOtt habe, und denen Menschen als ein herrliches Geschencke von dem Schöpfer sey gegeben worden, solches wißen und verstehen, nicht allein viel Gottseelige und Gelehrte Theologi, sondern es haben auch die klugen Heyden aus dem Lichte der Natur erkennen können." (Werckmeister 1707, S. 11)

„Finis (= der Endzweck der Musik, H.W.) ist die Ehre Gottes, die Anreitzung zur Tugend, und zulässige Ergetzligkeit des Gemüts." (Werckmeister 1687, S. 12)

Eine wuchtige, glaubensgesättigte Sprache klingt uns aus diesen Worten entgegen, und die Musik erscheint hier nach Ursprung und Zweck noch ganz in das alte theozentrische Weltverständnis eingebunden.

Der Verfasser des zweiten Zitats ist der Musikschriftsteller und Komponist Johann Adolf Scheibe (1708-1776). In seiner um 1730 verfaßten Schrift „Compendium Musices" findet sich die folgende Musikdefinition:

„Das Principium der Music ist Melodia naturalis. (...) Melodia naturalis ist eine der Seelen angebohrne Neigung und Verlangen eine Music, sonderlich aber eine Melodie zu hören. (...) Und hieraus ist auch der Entzweck zuschließen, nemlich die Vergnügung des Gehörs. (...) Dieser aber wird erlanget, durch eine durchgängige Annehmlichkeit, wobey sonderlich ein bündiger Gesang das vornehmste ist; (...) Durch die Vergnügung des Gehörs, als den rechten Entzweck, erlangen wir ferner die Bewegung und Erregung derer GemüthsNeigungen und Leidenschafften; nachdem wir solche vorzustellen, auszudrücken oder zuerregen genöthiget sind. (...) Übrigens werde (ich) von denen Mathematischen Theilen, in so ferne sie in die Harmonie lauffen nichts gedrucken; (...) da hingegen ein Componist mehr mit einem guten Gesang und wohlgefälliger Harmonie zuthun haben soll." (Scheibe, um 1730, in Benary 1960, Anhg. S. 5)

Hier ist deutlich zu spüren, daß seit den Tagen Werckmeisters ein völlig andersgeartetes Lebensgefühl wirksam geworden ist, obgleich beide Zitate kaum drei Jahrzehnte trennen. Das alte theozentrische Weltverständnis ist geschwunden; jeder metaphysische Bezug fehlt. Wo bei Werckmeister die Musik noch als eine Geschenk Gottes verstanden wurde und als eine irdische Spiegelung einer in Gott geborgenen kosmisch-mathematischen Ordnung, da erkennt Scheibe als ein Mann der Aufklärung nur noch einen vordergründigen, materiellen Aspekt der Musik an: die leicht faßliche, natürlich-galante Melodie und eine ,,wohlgefällige", das heißt eine nicht durch kontrapunktische Verflechtungen kunstvoll durchstrukturierte Harmonie. Nicht mehr die ,,Ehre Gottes" wird als Endzweck der Musik genannt, sondern die ,,Vergnügung des Gehörs".

Wenden wir uns jetzt der dritten Aussage zur Musikanschauung im 18. Jahrhundert zu. Sie stammt von Carl Philipp Emanuel Bach (1714-1788):

,,Mich deucht, die Music solle nicht dem Ohre schmeicheln, sondern müsse vornehmlich das Herz rühren." (Bach 1772, Ausg. 1980, S. 456)

,,Indem ein Musickus nicht anders rühren kan, er sey dann selbst gerührt; so muß er nothwendig sich selbst in alle Affecten setzen können, welche er bey seinen Zuhörern erregen will; er giebt ihnen seine Empfindungen zu verstehen und bewegt sie solchergestalt am besten zur Mit-Empfindung." (Bach 1753, S. 122)

Nur 23 Jahre trennen diese Aussage von der zuvor zitierten Formulierung Scheibes. Doch welch ein Unterschied besteht auch zwischen dem Musikverständnis beider Autoren! Während Scheibe in rokokohafter Galanterie die ,,Vergnügung des Gehörs" als den eigentlichen Zweck der Musik bezeichnete, heißt es bei Carl Philipp Emanuel Bach: ,,Mich deucht aber, die Musik solle nicht dem Ohre schmeicheln, sondern müsse vornehmlich das *Herz* rühren". Und wo in der Aussage Scheibes hinsichtlich des Gegenübers von Spieler und Publikum deutlich ein Zustand von distinguierter Distanz spürbar blieb, da fordert Emanuel Bach vom Musiker, daß er selber von den Gefühlsregungen ergriffen sein müsse, die er bei seinen Zuhörern auslösen wolle. Nur so werde er imstande sein, den empfindungsbereiten Hörer zur ,,Mit-Empfindung" zu bewegen. Erst in dieser ,,Mit-Empfindung", erst auf der Ebene eines gemeinsam empfundenen seelischen Erlebens, erfährt das musikalische Kunstwerk seine Verwirklichung. Der galante Stil, wie ihn noch Johann Adolf Scheibe pries, ist dem Stil der Empfindsamkeit gewichen.

Vom Ende des 18. Jahrhunderts stammt das vierte Zitat. Es wurde den Schriften von Wilhelm Heinrich Wackenroder entnommen. Dieser im Jahre 1798 im Alter von 24 Jahren verstorbene Dichter schrieb die folgenden Worte:

„Die Kunst ist eine verführerische, verbotene Frucht; wer einmal ihren innersten, süßesten Saft geschmeckt hat, der ist unwiederbringlich verloren für die tätige lebendige Welt. Immer enger kriecht er in seinen selbsteignen Genuß hinein, und seine Hand verliert ganz die Kraft, sich einem Nebenmenschen wirkend entgegenzustrecken." (...) „Und eben diese frevelhafte Unschuld (...) macht die Tonkunst recht eigentlich zu einer Gottheit für menschliche Herzen..." (Wackenroder 1799, Ausg. 1991, S. 225; 223)

Wackenroder gibt zu erkennen, daß es nicht „der Sprache der Worte" gegeben sei, „die himmlischen Dinge (...) zu begreifen", sondern allein den „wunderbaren Sprachen (...) der Natur und der Kunst", worin „die dunklen Gefühle (...) wie verhüllte Engel zu uns herniedersteigen." (Wackenroder 1797, Ausg. 1991, S. 97-98)

Es fällt schwer, sich vorzustellen, daß auch diese Aussage noch demselben 18. Jahrhundert angehört wie die zuvor zitierten Musik-Definitionen. Welch ein Weg wurde durchschritten von dem anfangs angeführten Zitat des noch aus einer kollektiven Glaubensgewißheit heraus sprechenden Andreas Werckmeister bis zu diesem so ganz dem subjektiven Gefühl des in sich gekehrten Einzelmenschen entwachsenen Musikverständnis und Kunst-Erleben! Dabei fällt auf, daß Wackenroder erstmals seit Werckmeister wieder religiöse Begriffe ausspricht: wir hören von einer „Gottheit für menschliche Herzen", von „himmlischen Dingen", sogar von „Engeln". Doch der Unterschied zu Werckmeister ist auch in dieser Hinsicht ungeheuer groß. Die alten religiösen Topoi erscheinen nun nicht mehr als theologisch oder dogmatisch objektivierte Glaubensinhalte, sondern in einem ganz außerkirchlichen, subjektiven Sinne: der Künstler selbst ist zum „Priester" geworden, denn nur ihm ist die Fähigkeit gegeben, die göttlichen Geheimnisse dieser Welt in der Natur zu erkennen oder sie im eigenen Herzen zu erspüren, um sie dann im Kunstwerk wahrnehmbar werden zu lassen. War die Musik noch zu Beginn des 18. Jahrhunderts vornehmlich zum Ruhme Gottes eingesetzt worden, so hat sie jetzt, zur Zeit der beginnenden Romantik, selber den Charakter einer göttlichen Offenbarung angenommen. Der Dichter erlebt sie als eine „Gottheit für menschliche Herzen", denn nicht „der Sprache der Worte" ist es gegeben, „die himmlischen Dinge" zu begreifen also auch nicht der Theologie und der von den Aufklärern gefeierten Verstandeserkenntnis! , sondern „allein den wunderbaren Sprachen der Natur und der Kunst", „worin die dunklen Gefühle (...) wie verhüllte Engel zu uns herniedersteigen."

Dem mit „Genie" begabten Künstler war gegen Ende des 18. Jahrhunderts vom historischen Schicksal die Aufgabe zugewachsen, das seelische und vor allem das religiös-transzendentale Vakuum auszufüllen, das durch die überwiegend rationalistisch bestimmte Geisteshaltung der Aufklärung hinterlassen worden war. Dieser Tatsache müssen wir eingedenk sein, wenn wir die heute oft so schwerverständliche Mystifizierung einzelner herausragender Künstlergestalten des 19. und rückblickend auch des 18. Jahrhunderts erklären wollen. Mit den vorausgehenden Ausführungen wurde zu verdeutlichen versucht, wie das Aufklärungsdenken seit etwa 1730 auch die Musikanschauung berührte, indem es die Musik ihrer metaphysischen Bindungen beraubte und zu einer reinen Hörkunst machte, deren alleinige Aufgabe darin bestand, das Ohr zu vergnügen. Es entstand auf diese Weise in der Musik der sogenannte „Galante Stil". Diese Stilrichtung wurde im wesentlichen von der französischen Kunstästhetik des frühen 18. Jahrhunderts (Charles Batteux u.a.) geprägt. Die dort immer wiederkehrende Forderung an den Künstler lautete: „Imitation de la nature!", „Nachahmung der Natur!". Unter „Natur" verstand man damals aber nicht etwa die Gesamtheit der uns umgebenden organisch gewachsenen Vegetation und der übrigen Naturerscheinungen, sondern eine abstrakte, typisierte, vernünftig gedachte und vor allem geschmacklich geläuterte „Natur". Es war dies die Natur des geometrisch abgezirkelten Schloßgartens, die man dabei im Auge hatte. Nur diese Art von Natur galt es nachzuahmen und künstlerisch zu sublimieren. Gemäß der Anschauung des aufgeklärten Menschen galt als „natürlich" nur dasjenige, was durch Vernunft und Geschmack - durch „raison" und „délicatesse du goût" - legitimiert war. „Galanter Stil" in der Musik, „Anakreontik" in der Poesie und „Rokoko" in Architektur, Malerei, Skulptur und Gartenkunst sind inhaltlich gleiche Stilbezeichnungen. Stets handelt es sich um die Kennzeichnung einer französisch inspirierten, aristokratisch orientierten Gesellschaftskunst, deren Wesensmerkmale hießen: „Esprit", „Ironie", „amouröse Tändelei" und „Koketterie". Johann Adam Hiller (1728-1804) beschreibt den „Galanten Stil" folgendermaßen:

„Ein galanter Geschmack ist derjenige, welcher reizende Tonstücke hervorbringt und ausübet; welcher den musikalischen Gedanken lachende, angenehme und glänzende Charaktere zu geben weiß, die dem Ohr und dem Geiste der Zuhörer zu schmeicheln vermögend sind. So bestehet denn die wahre Kunst in der Musik bloß allein in einer vernünftigen und sinnreichen Nachahmung der Natur." (Hiller 1768/69, S. 309)

Wie aber läßt sich in der Musik eine „Nachahmung der Natur" vorstellen? Einige typische Beispiele französischer oder französisch inspirierter Clavecin-Musik des aufgeklärten 18. Jahrhunderts, beispielsweise Kompositionen von Boismortier, Couperin oder Rameau geben einen Eindruck davon. Oftmals finden wir dort kleine Stücke, deren Überschriften die Namen oder die Charaktereigenschaften bestimmter Damen aus dem höfischen Umkreis des Komponisten nennen, etwa „La Sérénissimée", „La Gauloise", „La Rustique", „La Joyeuse", „La Follette", „La Triomphante", „L'Indifférente" oder „L'Enharmonique". Der Komponist versucht in diesen Stücken stets, die jeweilige Charakter- oder Temperamentseigentümlichkeit der betreffenden Dame musikalisch abzubilden - selbstverständlich „à la discrétion". Mit dieser „Imitation de la nature des charactéres humaines différents" erfüllt der Musiker die zeittypische kunstästhetische Forderung nach einer Nachahmung der Natur im Verständnis der Aufklärung, denn auch die menschlichen Charaktereigenschaften sind ja „Natur". Der Komponist Johann Philipp Kirnberger (1721-1783), ein ehemaliger Schüler Johann Sebastian Bachs, gibt sogar eine detaillierte Anleitung zur Komposition solcher Musik, indem er schreibt:

> „Der Tonsetzer thut wohl daran, wenn er sich allemal den Charakter einer Person oder eine Situation, eine Leidenschaft bestimmt vorstellt und seine Phantasie so lang anspannt, bis er eine in diesen Umständen sich befindende Person glaubt reden zu hören. Er kann sich dadurch helfen, daß er pathetische, feurige, oder sanfte, zärtliche Stellen aus Dichtern aussucht und in einem sich dazu schickenden Ton declamiert und alsdann in dieser Empfindung sein Tonstück entwirft." (Kirnberger 1792, T. II, S. 678)

Das Ergebnis war sodann eine galante, wohlgefällige Musik, - eine Musik, die der gelehrten kontrapunktischen Verflechtungen zwar entbehrte, die es aber dank der ihr innewohnenden geistigen Noblesse und geschmacklichen Distinguiertheit dennoch vermochte, den Geist ihrer Hörer subtil anzuregen, ihn vielleicht auch zu einer verfeinerten Konversation zu ermuntern und den uralten Traum vom irdischen Paradies klingend lebendig zu halten.

Aus dem „Galanten Stil" erwuchs in Deutschland der „Empfindsame Stil". Ihm seien abschließend die folgenden Ausführungen gewidmet. Der von französischem Geist bestimmte Galante Stil war - wie die anakreontische Dichtung und die Malerei des Rokoko - in hohem Grade von einer Ästhetik des kultivierten, jedoch vordergründig problemlosen Geschmacks geprägt. Ihm fehlte der metaphysische Hintergrund des Barock, und er besaß noch nicht den ideellen Bezug der späteren Klassik. Um zu diesem zu gelangen, bedurfte es noch der wichtigen Zwischenstufe des „Empfindsamen Stils". In Deutschland traten dem Aufklärungsdenken seit etwa 1740 irrationale Kräfte entgegen, deren Ziel es war, den durch die Aufklärung vernachlässigten Werten des Gefühls und der Religiosität erneut Raum zu geben. Eine dieser Strömungen ist uns unter dem Namen „Pietismus" bekannt. Man versteht darunter eine außerhalb der Kirche und jenseits konfessioneller Schranken sich vollziehende, ganz auf ein subjektiv persönliches Gotteserlebnis gegründete religiöse Bewegung. Im Gegensatz zur nüchternen, vom Verstand kontrollierten Haltung des aufgeklärten Menschen finden wir in den Kreisen pietistischer Zirkel eine Lebenseinstellung, die von der Neigung zu seelischer Verinnerlichung und religiöser Schwärmerei bestimmt ist. Das daraus erwachsende verfeinerte Empfindungsvermögen schuf die Grundlage für ein ganz neuartiges Musikverständnis. Es wird jetzt ein seelischer Gleichklang zwischen Spieler und Hörer angestrebt: „Mit-Empfindung", „Rührung des Herzens" gilt es zu erreichen; erst auf der Grundlage eines gemeinsamen Erlebens erfüllt die Musik ihren Sinn und ihre Aufgabe. Der auf Distanz und

„délicatesse du goût" gegründete „Galante Stil" mußte aus dieser neuen Perspektive als oberflächlich, gekünstelt und unecht erscheinen.

Der spezifisch deutsche Stil der „Empfindsamkeit" unterscheidet sich in seiner stillen, intimen Musik vom Galanten Stil durch seine nicht mehr typisierte, sondern ganz individuelle Tonsprache, die nicht von der Person des Komponisten abgelöst werden kann. Der Komponist und der Spieler seiner Komposition geben ihre eigenen Gefühle zu erkennen und laden den Hörer zur Harmonie der „Mit-Empfindung" ein. Es ist zwar nicht zu übersehen, daß der Empfindsame Stil einige Elemente des Galanten Stils beibehält: so zum Beispiel die Oberstimmenmelodik, die man jetzt als eine Art von „Sprache" oder „Klangrede" versteht, und die Ablehnung kontrapunktischer Künste, die dem Natürlichkeitsideal der Zeit widersprochen hätten. Der entscheidende Unterschied ist aber, daß nunmehr an die Stelle einer *allgemeinen* Affekt-Typisierung die Darstellung *persönlich* empfundener Gefühlsinhalte tritt. Daraus folgt, daß das bis dahin geltende Postulat von der „Einheit des Affekts" innerhalb eines Stücks durchbrochen werden durfte:

> „Der richtige Ausdruck der Empfindungen und Leidenschaften in all ihren Schattierungen ist das vornehmste, wo nicht gar das einzige Verdienst eines vollkommenen Tonstücks." So heißt es bei Johann Philipp Kirnberger, und er fährt fort: „Der Ausdruck ist die Seele der Musik. Ohne ihn ist sie bloß ein angenehmes Spielwerk, durch ihn aber wird sie zur nachdrücklichsten Rede, die unwiderstehlich auf unser Herz wirket." (Kirnberger 1792, T.I, S. 271 f.)

Die nunmehr erlaubte, ja angestrebte Affekt-Vielfalt kam auch schon in einer Formulierung von Johann Joachim Quantz (1697-1773) zum Ausdruck:

> „Der Ausführer eines Stückes muß sich selbst in die Haupt- und Nebenleidenschaften, die er ausdrücken soll, zu versetzen suchen. Und weil in den meisten Stücken immer eine Leidenschaft mit der anderen abwechselt, so muß auch der Ausführer jeden Gedanken zu beurtheilen wissen, was für eine Leidenschaft er in sich enthalte." (Quantz 1752, S. 107)

Das allgemeine Bedürfnis der Menschen jener Zeit nach einer dem Aufklärungsdenken entgegengesetzten empfindsamen Musik war für heutige Begriffe unvorstellbar groß, und die Wirkung einer solchen Musik war durchaus der Wirkung von Goethes „Werther" (1774) vergleichbar. Bezeichnend sind zwei Aussagen aus jener Zeit:

> „Alle, welche Theil an der Aufführung dieses Concerts hatten, fanden, daß die Gesellschaft sehr aufmerksam und in der Lage war, ihnen (= den Musikern, H.W.) ihr Herz zu überlassen, und dadurch wurden sie bis zu dem wahren Grade von Enthusiasmus beseelt, welcher sein innerliches Feuer

allem ausser sich herum mittheilet und alles in Flammen setzet, so daß unter Spielern und Hörern ein Wettstreit entstund, wer am meisten rühren oder wer am meisten gerührt seyn wollte." (Burney 1773 a, 2. Theil, S. 214/215)

„... März, 1777. Das Liebhaber-Concert zu Paris, wurde neulich mit einer Sinfonie von der Composition des Hrn. le Duc angefangen, welche bey der Probe eine besondere Wirkung that. Mitten im Adagio wurde der bekannte Herr von St. George bey einer sehr zärtlichen Stelle, durch das Andenken an seinen verstorbenen Freund so heftig gerührt, daß ihm der Bogen aus der Hand fiel, und Thränen auf die Geige rollten. Dieses rührende Gefühl wurde so allgemein, daß alle, die mitspielten, ihre Instrumente niederlegten, und sich ihrer Betrübniß überließen." (Forkel 1778, S. 314)

Unter allen Musikinstrumenten jener Zeit war besonders das Clavichord dazu geeignet, den Charakter einer solchen, empfindsamen Musik darzustellen. Christian Friedrich Daniel Schubart (1739-1791) bemerkt dazu:

„Clavichord, dieses einsame, melancholische, unaussprechlich süße Instrument, wenn es von einem Meister verfertiget ist, hat Vorzüge vor dem Flügel (= dem Cembalo, H.W.) und dem Fortepiano. (...) Wer nicht gerne poltert, rast, und stürmt; wessen Herz sich oft und gern in süßen Empfindungen ergießt, der geht am Flügel und Fortepiano vorüber, und wählt ein Clavichord" (Schubart 1806, S. 288/9)

Es gehörte zum Wesen des empfindsamen Stils, daß sich der Spieler einer so gearteten Musik nicht an ein großes Publikum wandte, sondern an den einzelnen empfindungsbereiten Zuhörer. Auf diese Weise entstand so etwas wie ein Zwiegespräch. Der englische Musikhistoriker Charles Burney (1726-1814) läßt uns an einem solchen Zwiegespräch teilhaben. Im Oktober 1772 weilte er nämlich in Hamburg, wo er auch die persönliche Bekanntschaft mit Carl Philipp Emanuel Bach, dem eigentlichen Schöpfer des Empfindsamen Stils, machte, und er schreibt über diese denkwürdige Begegnung:

Danach „war Herr Bach so verbindlich, sich an sein Lieblingsinstrument, ein Silbermannisches Clavier, zu setzen, auf welchem er drey oder viere von seinen besten und schweresten Kompositions mit der Delikatesse, mit der Precision und mit dem Feur spielte, wegen welcher er unter seinen Landsleuten mit Recht so berühmt ist. (...) Nach der Mahlzeit, welche mit Geschmack bereitet und mit heiteren Vergnügen verzehrt wurde erhielt ichs von ihm, daß er sich abermals ans Clavier setzte; und er spielte, ohne daß er lange dazwischen aufhörte, fast bis um Eilf Uhr des Abends. Während dieser Zeit gerieth er dergestalt in Feuer und wahre Begeistrung, daß er nicht nur spielte, sondern die Miene eines ausser sich Entzückten bekam. Seine Augen stunden unbeweglich, seine Unterlippe senkte sich nieder und seine Seele schien sich um ihren Gefährten nicht weiter zu bekümmern, als nur soweit er ihr zur Befriedigung ihrer Leidenschaft behülflich war. Er sagte hernach, wenn er auf diese Weise öfter in Arbeit gesetzt würde, so würde er wieder jung werden ..." (Burney 1773b, S. 212/213)

Ich habe versucht, am Beispiel des Stilwandels darzustellen, auf welche Weise sich Impulse und Grenzen des Aufklärungsdenkens seit etwa 1730 auf die Musikanschauung sowie auf die Art des Komponierens auswirkten. Weitergehende Untersuchungen, so etwa der Frage, inwieweit durch die Aufklärung auch die gesellschaftliche Stellung des Künstlers gegenüber seinem meist fürstlichen Auftraggeber beeinflußt wurde, mußten hier ausgespart bleiben.

Literatur

Bach, Carl Philipp Emanuel (1753) Versuch über die wahre Art das Clavier zu spielen. Berlin (Faksimile-Nachdruck, hg. v. L. Hoffmann-Erbrecht. Wiesbaden, Breitkopf u. Härtel 1986)

Bach, Carl Philipp Emanuel (1772) Autobiographie in Burney, Ch. The Present State of Music in Germany ..., deutsche Ausgabe von C.D.Ebeling (1773) Carl Burney's, der Musik Doctors, Tagebuch seiner Musikalischen Reisen. Dritter Band. Hamburg, Bode (Neuausgabe (1980) hrsg. von Eberhardt Klemm. Wilhelmshaven, Heinrichshofen)

Benary, Peter (1960) Die deutsche Kompositionslehre des 18.Jahrhunderts. Im Anhang: Johann Adolph SCHEIBE. Compendium Musices. Leipzig, VEB Breitkopf und Härtel.

Burney, Charles (1773a) Carl Burney's, der Musik Doctors, Tagebuch seiner Musikalischen Reisen. Zweiter Band. Durch Flandern, die Niederlande und am Rhein bis Wien. Aus dem Englischen übersetzt. Hamburg: Bey Bode

Burney, Charles (1773b) Carl Burney's, der Musik Doctors, Tagebuch seiner Musikalischen Reisen. Dritter Band. Durch Böhmen, Sachsen, Brandenburg, Hamburg und Holland. Aus dem Englischen übersetzt. Hamburg: Bey Bode

Forkel, Johann Nicolaus (1778) Musikalisch-kritische Bibliothek. Erster Band. Gotha (Reprint (1964) Hildesheim, Olms)

Hiller, Johann Adam (1768/69) Wöchentliche Nachrichten und Anmerkungen, die Musik betreffend..3. Theil. Leipzig

Kirnberger, Johann Philipp (1792) Artikel „Ausdruck". In: Johann Georg Sulzer (hrsg.) Allgemeine Theorie der schönen Künste. Teil I, 2. vermehrte Auflage. Leipzig

Kirnberger, Johann Philipp (1792) Artikel „Instrumentalmusik". In: Johann Georg Sulzer (hrsg.) Allgemeine Theorie der schönen Künste. Teil II, 2. vermehrte Auflage. Leipzig

Quantz, Johann Joachim (1752) Versuch einer Anweisung die Flöte traversiere zu spielen. Berlin, Voß (Faksimile-Neudruck (1997) hrsg. von H.-P. Schmitz. München-Kassel, dtv-Bärenreiter)

Scheibe, Johann Adolf (um 1730) Compendium musices theoretico-practicum, .. Mskr. in der Städt. Musikbibliothek Leipzig, gedruckt als Anhang in: Benary, P. (1960)

Schubart, Christian Friedrich Daniel (1806) Ideen zu einer Ästhetik der Tonkunst. Herausgeben von Ludwig Schubart. Wien: Degen (Reprint (1990) Hildesheim, Olms)

Wackenroder, Wilhelm Heinrich (1797) Herzensergießungen eines kunstliebenden Klosterbruders, hrsg. von Ludwig Tieck . Neuausgabe in: W.H. Wackenroder (1991) Sämtliche Werke und Briefe. Historisch-kritische Ausgabe, hrsg. von Silvio Vietta und Richard Littlejohns, Band I (Werke). Heidelberg, Carl Winter Universitätsverlag

Wackenroder, Wilhelm Heinrich (1799) Phantasien über die Kunst für Freunde der Kunst, hrsg. von Ludwig Tieck. a.a.O.

Werckmeister, Andreas (1687) Musicae mathematicae Hodegus Curiosus oder Richtiger Musicalischer Weg-Weiser. Franckfurt und Leipzig, Calvisius (Reprint (1972) Hildesheim, Olms)

Werckmeister, Andreas (1707) Musikalische Paradoxal-Discourse, oder Ungemeine Vorstellungen, wie die Musica einen Hohen und Göttlichen Uhrsprung habe, .. Quedlinburg: Calvisius (Reprint (1970) Hildesheim: Olms)

Musikbeispiele

Zur Verdeutlichung des Stilwandels vom spätbarocken zum nachbarock-vorklassischen Stil wurden die folgenden Klangbeispiele verwendet:

a) *Spätbarocker* Stil: Johann Sebastian Bach: Sinfonia f-moll (BWV 795)

b) *Galanter* Stil: Jean-Philippe Rameau: Ausgewählte Stücke aus den „Pièces de Clavecin"; Domenico Alberti: Sonata B-Dur, 1. Satz

c) *Empfindsamer* Stil: Carl Philipp Emanuel Bach: Variationen über „Folies d' Espagne" (Wtq. 118); Sonata F-Dur (Wtq. 48), 1. und 2. Satz; Cantate „Phyllis und Thirsis" (Wtq. 232)

Jürgen Jahnke
Georg Christoph Lichtenbergs Aufklärung durch Experiment, Taschenkalender und Sudelbuch

> Die Lüftung der Nation kommt mir zur Aufklärung derselben unumgänglich nötig vor. Denn was sind die Menschen anderes als alte Kleider? Der Wind muß durchstreichen. (H 52)
>
> Aufklärung in allen Ständen besteht eigentlich in *richtigen Begriffen von unsern wesentlichen Bedürfnissen*. (J 246)

Nachricht über einen Aufklärer

In sieben Wochen des Sommers 1789 bereiste der Berliner Aufklärer und Bildungsreformer Friedrich Gedike für den preußischen König Friedrich Wilhelm II.[1] vierzehn deutsche Universitäten mit dem Auftrag, „teils überhaupt die Verfassung der fremden Universitäten kennen zu lernen, teils von dem Vortrag solcher Professoren, auf die einmal bei irgendeiner preußischen Universität reflektiert werden könnte, zuverlässig Nachricht und Kenntnis einzuziehen." (Fester 1905, S. 2).

„Fünfthalb Tage" hielt sich der Beobachter in Göttingen an der „mit königlicher Freigebigkeit gestifteten und unterhaltenen" Universität mit ihrem ausgesprochenen „Universitätsstolz" (a.a.O., S. 13) auf und hatte Gelegenheit, „fast alle Professoren persönlich kennen zu lernen, auch die meisten lesen zu hören" (S. 17), so auch Lichtenberg:

„Der Hofrath Lichtenberg ist eigentlich Professor der Physik, (...) wiewohl (er) auch mathematische Kollegia liest. Sein Vortrag ist ganz frei ohne Heft, aber eben darum nicht immer ganz planmäßig. Auch verwikkelt er sich zuweilen in seinen Perioden und bringt sie nicht zu Ende. Uebrigens aber ist sein Vortrag gerade so natürlich und ungezwungen, wie er im gemeinen Leben spricht, und allerdings sehr lehrreich." (a.a.O., S. 23). Die Natürlichkeit und Ungezwungenheit, die an den - natürlich auf deutsch gehaltenen - Vorlesungen hervorgehoben wird, scheint sich jedoch nicht auf das äußere Auftreten des Professors zu beziehen. Der preußische Berichterstatter schwieg darüber, wie übrigens auch manche anderen Besucher, aber auffallend viele von Lichtenbergs Studenten haben es in nahezu gleichlautender Weise geschildert:

„Sein großer Geist befand sich in einem kleinen, sehr elenden, vorn und hinten gebuckelten Körper, den er, was freilich eine Schwäche von ihm war, so viel wie möglich, aber vergebens, zu verbergen suchte. Stehend vor einem langen breiten Tische (...) befand sich hinter seinem Rücken eine große schwarze Tafel. Wenn er an dieselbe etwas schrieb oder zeichnete, (...), so drehte er seinen Rücken nie nach den Zuhörern hin; vielmehr blieb derselbe immer nach der Tafel hingewendet. Gut verstand es unser Professor, bloß die Hand mit der Kreide an der Tafel herum zu führen und doch sehr gut zu schreiben und zu zeichnen. Immer ging er, damit seine Zuhörer den Buckel nicht sehen sollten, von seiner Stube aus seitwärts in den anstoßenden Hörsaal, und ebenso ging er auch wieder heraus." (J.H.M. Poppe, zit. n. Achenbach/Joost 1991, S. 103).

Ist dieser Mann ein rechtes Beispiel für einen Gelehrten der Aufklärung? Ist das ein Aufklärer und Aufgeklärter, der etwas zu verbergen sucht, was ohnehin allen, die ihm begegnen, ins Auge fällt? - Und doch ist gerade er als „Außenseiter der Aufklärung", oder als „Ketzer des deutschen Geistes" (Verrecchia 1988), der nicht nur im Sinne der Aufklärung wirkte, sondern auch ihre Grenzen, Gefahren und Widersprüche erkannte, ein ebenso exemplarischer wie besonderer Vertreter seiner Epoche. Er hat wie kaum ein anderer vielfältigste Spuren seines Denkens hinterlassen, sich selbst, seine Umgebung und seine Zeit scharfsinnig beobachtet und „selbstdenkend" reflektiert. Nur zu einem geringeren Teil geschah das in den zu Lebzeiten veröffentlichten Texten, die ihn vor allem als witzigen Satiriker bekannt werden ließen. Die umfangreichere Hälfte seiner Schriften besteht in privaten, nicht zur Publikation vorgesehenen Aufzeichnungen und Briefen, die erst nach seinem Tode nach und nach bekannt geworden sind.

Äußerer Lebensgang
Der äußere *Lebensgang Lichtenbergs* ist wenig spektakulär und schnell erzählt: Am 1. Juli 1742 wird Georg Christoph Lichtenberg als 17. Kind des Pfarrers Joh. Conrad Lichtenberg und seiner Frau Henriette Catharina, geb. Eckhardt in Ober-Ramstadt bei Darmstadt geboren.
1751, als Lichtenberg neuen Jahre alt ist, stirbt sein Vater.
Nach dem Besuch des Pädagogiums in Darmstadt beginnt Lichtenberg. 1763 in Göttingen Mathematik, Astronomie und Naturgeschichte zu studieren. Ein Jahr darauf stirbt auch die Mutter. Beginn der *Sudelbuch*-Eintragungen.
1766 erste Veröffentlichungen (*Versuch einer natürlichen Geschichte der schlechten Dichter, hauptsächlich der Deutschen; Von dem Nutzen, den die Mathematik dem Bel Esprit bringen kann*).
1767 wird er in Gießen zum Prof. für Mathematik ernannt, zieht es aber vor, statt dessen in Göttingen vornehme englische Studenten als Präzeptor zu betreuen.

Lichtenberg nach einer Joh. Fr. Blumenbach zugeschriebenen Zeichnung

1770 unternimmt er eine erste Englandreise mit seinen Schülern, wo er von seinem Landesherrn, dem hannoverschen und englischen König Georg III. empfangen wird, der ihn nach der Rückkehr nach Göttingen zum ao. Prof. der Philosophie (Mathematik) ernennt. Nachdem Lichtenberg dann im Auftrag der Regierung astronomische Ortsbestimmungen und Vermessungsarbeiten im Königreich Hannover durchgeführt hatte, folgte 1774-75 eine weitere Englandreise, auf der er Teilnehmer von Cooks Weltumseglung kennenlernt (u.a. Georg Forster), sich über technische Fragen informiert (Buchdruck, Dampfmaschine etc.) und dem Schauspieler Garrick begegnet.

1776 zum ordentlichen Professor der Mathematik ernannt, beginnt er im WS 1777/78 Vorlesungen über Experimentalphysik zu halten. Er entdeckt beim Experimentieren die sog. ,,Lichtenbergschen Figuren". Zugleich übernimmt er die Herausgabe und weitgehend auch die Autorschaft des jährlich erscheinenden *,,Göttinger Taschen Calenders / Taschenbuch zum Nutzen und Vergnügen"*.

Nach einer Reise nach Hamburg und Helgoland 1778 verläßt Lichtenberg Göttingen kaum noch, dafür wird er zu einem Anziehungspunkt für viele Besucher (z.B. Goethe, Wieland, Herder, Volta, Chladni, Franz v. Baader, Lavater u.a.).

1780 nimmt er die 14-jährige Maria Dorothea Stechard in seine Wohnung auf, wo sie nach zweieinhalb Jahren stirbt. - Bis in unsere Zeit bieten Lichtenbergs Beziehungen zu Frauen Stoff für Gerüchte und Romane (Hofmann 1996; Boètius 1989). Mit seiner Haushälterin Margarethe Elisabeth Kellner hat er zwei gemeinsame Kinder, ehe er sie 1789 heiratet. Als Lichtenberg am 24. Februar 1799 im Alter von 56 Jahren stirbt, hinterläßt er sie mit sechs Kindern.

Der ,,elende Körper"

Wie Horst Gravenkamp (1989) minutiös nachgezeichnet hat, war Lichtenberg weniger durch Kleinwuchs (seine Körpergröße dürfte weniger als 150 cm betragen haben), als durch die (rachitisch verursachte ?) Mißbildung einer thorakalen Skoliose, einer Rückgratverkrümmung mit Buckelbildung und Verformung des Brustkorbs, in seinem Lebenslauf zunehmend behindert. Herz und Lunge waren in ihrem natürlichen Wachstum und damit in ihrer Funktion beeinträchtigt. ,,Kurzluftigkeit" und Herzrhythmusstörungen, sowie eine erhöhte Anfälligkeit für Krankheiten und eine erheblich geringere Belastbarkeit waren die unangenehmen Folgen. Gravenkamp konnte nachweisen, daß die Lichtenberg oft nachgesagte Hypochondrie, eine gesteigerte Selbstbeobachtung körperlicher Symptome und in der Folge die ,,Einbildung" von krankhaften Zuständen, zumindest bis 1789 keineswegs festgestellt werden kann. Denn alle die Symptome, über die Lichtenberg in seinen Briefen und Aufzeichnungen berichtet, entsprechen dem Krankheitsbild der thorakalen Skoliose. Erst nach der Überwindung einer lebensbedrohlichen asthmatischen Erkrankung im Jahr 1789 bezeichnet Lichtenberg sich selbst als ,,Hypochondristen".

Aufklärung durch Experimente

Experimental-Physik-Colleg
Lichtenbergs Lehrer und Mentor, der seinerzeit berühmte Mathematiker Abraham Gotthelf Kästner hielt 1799 - 80-jährig - eine akademische Gedenkrede auf seinen Schüler. Darin heißt es:
„Unermüdet in der Anstellung der Experimente - nicht nur solcher, womit er seinen Zuhörern Vergnügen verschaffen konnte, sondern auch solcher, welche ihm die Geheimnisse der Natur offenbaren konnten, kam er oft auf ganz neue Beobachtungen (...) Freilich finden sich unter den Commentarien der Societät weniger Veröffentlichungen, als man meinen sollte. Beständig mit einer niemals vollkommenen Gesundheit ringend und mit zu vielen Arbeiten überhäuft, glaubte er nicht die nötigen Kräfte zu haben, mehr Abhandlungen zu liefern. Ich habe ihm oft vorgehalten, wie sehr er sich hierin täuschte und allzugroßer Bescheidenheit - eines bei Gelehrten unseres Zeitalters seltenen Lasters - zu zeihen wäre." (zit. n. Schöffler 1967, S. 197).

Vom WS 1777/78 an, nach dem Tode Johann Christian Polycarp Erxlebens (1744-1777), seines jüngeren, aber zunächst erfolgreicheren Kollegen, übernahm Lichtenberg dessen Vorlesungen über Experimentalphysik.

Konkurrenz?
Es ist vielleicht aufschlußreich, einen Blick auf eine der merkwürdigsten Veröffentlichungen Lichtenbergs zu werfen, die nicht lange vor diesem Semester als Flugblatt oder „Anschlag-Zeddel" am 7. Jänner 1777 erschien: In Göttingen gab der amerikanische „Taschenspieler und Magier", oder „the supranaturel philosopher", wie ihn Lichtenberg in einem Brief nennt (SB IV, S. 289) Jack Philadelphia ein Gastspiel: gegen Vorkasse zeigte er in privaten Gesellschaften und bei öffentlichen Veranstaltungen erstaunliche Phänomene und verblüffende Tricks, wobei er offenbar physikalische Erkenntnisse und Methoden geschickt zu nutzen verstand. Diese marktschreierische Konkurrenz zu seiner ernsthaften und aufklärenden naturwissenschaftlichen Vorlesung rief den Satiriker Lichtenberg auf den Plan. Auf seinem schnell verbreiteten „Anschlag-Zeddel im Namen Philadelphias" pries er „allen Liebhabern der übernatürlichen Physik" den „weltberühmten Zauberer Philadelphus Philadelphia" an, er beschrieb sieben der Wunder, die er öffentlich vollbringen werde: z.B. „Er zieht drey bis vier Damens die Zähne sanft aus, läßt sie von der Gesellschaft in einem Beutel sorgfältig durch einander schütteln, ladet sie alsdann in ein kleines Feldstück, und feuert sie besagten Damen auf die Köpfe, da denn jede ihre Zähne rein und weiß wieder hat." (VS 3, S. 237). Der Zettel mußte sogleich nachgedruckt werden, ganz Göttingen lachte über den Magier, der die Stadt fluchtartig verließ. Dieses ist ein typisches Beispiel dafür, wie mit den Mitteln der witzigen Streitschrift und Satire gegen die Unterstützung von Wunderglauben und Magie durch unerklärte Naturphänomene zu Felde gezogen wurde.

Vorlesungs-Experimente
Lichtenbergs Physik-Vorlesungen wurden bald gerade wegen der interessanten und anschaulichen Demonstrations-Experimente bekannt, die er dort vorzuführen pflegte. Die Studenten wollen nach Lichtenbergs Meinung ,,etwas haben, was nicht durch allzugroße Schwierigkeit abschreckt, aber auch nichts was von dem Hauptzweck ableitet, durch Tändelei" (SB IV, S. 693). Ihm schwebt eine ,,Experimentalphysik für alle Stände" vor (a.a.O. S. 663). Die eigene Begeisterung für manche experimentellen Effekte klingt allerdings auch immer wieder durch: ,,Es sind die herrlichsten Schauspiele" schwärmt er (SB IV, S. 447) und er weiß, daß er ,,bei verschiedenen Personen" im ,,Kredit von Hexenmeisterei" steht (SB IV, S. 461). ,,Auf keiner Universität wird Physik so gelesen", sei ihm von ,,jedermann versichert" worden (SB IV, S. 668). In einem Brief beschreibt Lichtenberg genau die experimentellen Bedingungen für die Demonstration einer besonders heftigen elektrischen Entladung im dunklen Hörsaal: ,,beim Losschlagen wird die ganze Flasche mit dem vortrefflichsten Purpurlicht angefüllt (..) Ich habe mit dieser Flasche oft mehr Vergnügen erweckt als mit allen übrigen Versuchen. Als ich sie neulich im Collegio losschlug (...), rief ein Pursch ganz unwillkürlich: 'Ach Herr Jesu!' und wurde seiner Naiveté wegen nicht wenig ausgelacht". (SB IV, S. 504).

,,In Collegiis über die Experimental-Physik muß man etwas spielen; der Schläfriche wird dadurch erweckt, und der wachende Vernünftige sieht Spielereien als Gelegenheiten an, die Sache unter einem neuen Gesichtspunkt zu betrachten. (Ein) schöner und lehrreicher Versuch wird dem Purschen gewiß besser gefallen, wenn ein paar Fensterscheiben dabei zu Grunde gehen" (SB IV, S. 439). 1782 schreibt er: ,,Zu meiner Physik haben sich diesmal 104 aufgeschrieben. Sie schwänzen aber jetzt schon, bis es blitzt und donnert." (SB IV S. 446).

Risiko, Routine und Vergnügen
Daß der Professor selbst bei seinen Experimenten nicht ganz ungeschoren bleibt, ergibt sich aus der Materie, mit der er es zu tun hat: Eine Augenverletzung (a.a.O. S. 436) und Verbrennungen an ,,den gelehrten Zeugungs-Gliedern" (.. nämlich den Schreibfingern; a.a.O. S. 454) sind Preis für das Risiko des Experimentators. In einem Brief vergleicht er die Kunst des Scharfrichters mit der Kunst ,,einen schweren Versuch in Gegenwart von vielen Menschen zu machen" und konstatiert erleichtert, daß ,,ich vorher doch noch probieren (kann)" (SB IV, S. 485). Später wird die Sicherheit größer: ,,Man muß Experimentalphysik, wie ich, 21mal gelesen haben, um das Vergnügen zu fühlen, an einem frischen Morgen, (...) ohne Bangigkeit, ob die Versuche auch gelingen werden, ohne Sorge, ob nicht hier und da etwas zerbrochen, gestohlen oder sonst durch vorwitzige unbrauchbar gemacht werden würde, bloß mit dem Compendio in der Hand in den Hörsaal zu gehen; es ist ein wahres Kurtrinken." (1788; SB IV, S. 733).

Das ,,Vergnügen", das diese Vorlesungen bei ihm selbst und seinen Hörern auslösten, trug ihm im Nachruf von seiten seines Mentors A.G. Kästner allerdings den Vorwurf ein, daß er sich „herabließ, denen die Physik zu *zeigen*, die sie sich nicht *lehren* lassen wollten" (Kästner, n. Schöffler 1967, S. 197). Nach allem, was wir über Lichtenbergs Experimentalphysik erfahren, kann man vermuten, daß den Lichtenbergschen Vorlesungen durchaus etwas von dem Unterhaltungswert zugemessen wurde, den er selbst an den Vorführungen des amerikanischen „Taschenspielers" satirisch gegeißelt hatte.

Erst spät konnte die Universitätsbehörde überzeugt werden, daß Experimentiergeräte nicht Privatsache der Professoren sein sollten, sondern zu einer Institutsausstattung gehörten. 1789 kaufte die hannoversche Regierung Lichtenbergs private Geräte-Sammlung, die auf den Wert von 2300 Talern geschätzt wurde das entsprach etwa dem Jahresgehalt eines Professors.

Elektrizität und verborgene Kräfte
Nicht nur mit Elektrisiermaschinen, Leidener-Flaschen und Vakuumpumpen experimentierte er, sondern auch - öffentlich beachtet und in Anekdoten verbreitet - mit Papierdrachen und Gasballons. Der mühsam in vielfältigen Versuchen mit Schweinsblasen, Kälber- und Pferde-Fruchthäuten erarbeitete Fortschritt von den windabhängigen Drachen zur Demonstration aerostatischer Elektrizität zum bequemeren Verfahren mit stehenden Ballons, die er aus dem Hörsaalfenster aufsteigen lassen und dort befestigen konnte, wird in einer Tagebuchnotiz begrüßt: „Ich kann die Ausmärsche mit den Commilitonen nicht leiden." (Gravenkamp 1989, S. 52).

Mit den bevorzugten Themen der Naturkunde der Aufklärung hat sich Lichtenberg ausgiebig befaßt: Neben der Elektrizität waren es andere unsichtbare oder verborgene Phänomene: Zum Beispiel Kometen gehörten dazu, ihr Erscheinen vor ihrem Sichtbarwerden zu prognostizieren war genauso ein Prüfstein wissenschaftlich-mathematischen Geistes, wie die erfolgreiche Kontrolle und Bändigung des Blitzes. „In den vorigen Zeiten achtete man auf Kometen und Nordscheine um andere Bedürfnisse zu befriedigen, Aberglauben trieb damals den Beobachter, jetzt tut es Ehrgeiz und Wißbegierde" (Sudelbuch D 404).

In einem Brief aus dem Jahr 1793 kommt Lichtenberg auf die abergläubische Deutung von Naturerscheinungen zurück: „Vor einigen Jahren wurde die Sonne gerade am Geburtstage unseres Königs[2] partiell verfinstert (...) Bald darauf ereignete sich die bekannte Geistesverfinsterung bei unserem guten Könige. Ist das nicht sonderbar? Hier ward nicht bloß ein Unfall mit einer vergangenen Himmelsbegebenheit in Verbindung gezogen, sondern aus einer Himmelsbegebenheit ein Unfall gleichsam geschlossen. Daß ich die Sache als einen Scherz vortrug, rührte daher, (...) weil ich in Darmstadt und halt! nicht in München oder Paderborn geboren bin (...)" (SB IV, S. 842). Aufgeklärtheit hat also auch etwas mit der Herkunft zu tun und ist nicht nur eigenes Verdienst!

Blitzableiter - Furchtableiter - Ketzerstange
Blitzableiter waren damals neben der Frage nach Nutzen und Gefahren der Blattern-Inokulation ein wichtiger Streitgegenstand praktischer Volksaufklärung. Nach der Entdeckung durch Benjamin Franklin 1752 und nach dem Bau des ersten Blitzableiters in Deutschland (Hamburg 1769: St. Jakobi-Kirchturm, durch Johann Albert Hinrich Reimarus) ist Lichtenberg einer der ersten, der sich praktisch-experimentell und technisch mit Blitzschutzanlagen auseinandersetzt. Schon 1780 bewehrte er sein Gartenhaus mit blitzableitenden Drähten und verfaßte Gutachten über Anlagen für Dorfkirchen (z.B. Mandelsloh[3]) und für die Göttinger Bibliothek. Argumente für und wider Blitzableiter, die er gelegentlich auch treffend „Furchtableiter" (SB IV, S. 889) nennt, diskutiert Lichtenberg auch in populären Aufsätzen: so setzt er sich u.a. auch mit der Frage auseinander, ob es „'recht ist, Blitzableiter anzulegen, und auf diese Weise sich den Absichten des Allmächtigen in seinen Züchtigungen zu widersetzen?' Personen, die so denken, stellen sich den lieben Gott als einen überstrengen Schullehrer vor, der seinen Kindern nicht erlaubt, sich zu bepolstern, wenn er sie prügeln will." (Lichtenberg 1783, S. 688). Zu den Absichten des Schöpfers gehöre es zuerst, daß die Menschen sich ihrer Verstandeskräfte bedienen, die ihnen mitgegeben worden sind. Dazu gehört unbedingt, selbst zu denken, d.h. nichts ungeprüft zu übernehmen und selbst Erfahrungen zu machen, d. h. planmäßig und von präzisen Hypothesen ausgehend, Experimente anzustellen. So diskutiert Lichtenberg z. B. in einer umfangreichen Arbeit über Blitzableiter, ob es günstiger sei, die „Ketzerstangen" (VS 6, S. 213) mit Spitzen oder kugelförmigen Enden auszustatten. Ausführlich beschreibt und zeichnet Lichtenberg in einem Brief an Hollenberg im Februar 1788 die ideale Blitzschutzanlage: „Hierzu sehe ich nun keinen andern Ausweg als den, die Häuser unter Käfige zu setzen, mit einer Spitze. Ein solcher Pavillon in einem Garten z.E. müßte herrlich aussehen. (...) Das Eisen könnte allerlei Verzierungen enthalten, z.E. einen Jupiter, dem ein Professor der Physik den Blitz auspisset. Auch könnte man an das Eisenwerk Reben, Bohnen, Geißblatt und Hopfen pflanzen. Überhaupt aber (kann) ein solcher Käfig, in dem die Götter der Erde sich verkriechen müssen, wenn der Gott des Himmels zu donnern anfängt, Raum zu allerlei Witz geben." (SB IV, S. 726).

Konjunktivisches Denken - zündende Gedanken
Albrecht Schöne hat Lichtenbergs Denken „aus dem Geiste der Experimentalphysik" erklärt und mit der für Lichtenbergs Sprachgebrauch charakteristischen und außergewöhnlich häufigen Verwendung des Konjunktivs in Verbindung gebracht. Der Konjunktiv, die Möglichkeitsform, beschreibt das Reden in Hypothesen, er stellt zur Diskussion, er ist geeignet für Gedankenexperimente und entspricht häufig einer skeptischen Haltung gegenüber der Wirklichkeit, oder ihren landläufigen Deutungen. „An nichts muß man mehr zweifeln als an Sätzen, die zur Mode geworden sind" (SB IV, S. 604), dieser Satz - ausdrücklich hervor-

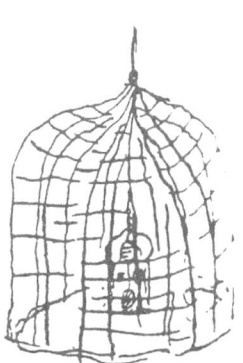

Blitzableiter - Käfig. Zeichnung Lichtenbergs in einem Brief an Hollenberg (18.2.1788; SB IV, S. 726)

gehoben -, kennzeichnet Lichtenbergs Skepsis nachdrücklich. Als er von neuen physikalischen Meßmethoden erfährt und damit zu experimentieren beginnt, meint Lichtenberg, ,,daß es nötig ist, alles was man in der Physik lehrt, noch einmal mit aller nur ersinnlichen Gnauigkeit und Beihülfe der jetzigen vollkommnern Instrumente ganz von unten an zu untersuchen und das erst richtiger zu bestimmen was wir mit bloßen unbewaffneten Sinnen wahrnehmen können." (SB IV, S. 582) Das In-Frage-Stellen des Selbstverständlichen ist daher für Lichtenberg ebenso bezeichnend, wie exakte Überprüfung der unmittelbaren Erfahrung, sowie die gedankliche Zusammenstellung des Entfernten.

Zur Vermehrung aufgeklärter Erkenntnis gehört es also, daß Hypothesen, Behauptungen und Aussagen systematisch zu prüfen sind und mit der Erfahrung übereinstimmen müssen. Für Lichtenberg gehört allerdings unbedingt das kreative Moment hinzu, Ideen und Einfälle sind es, die Erkenntnisfortschritte bringen können und bei kaum einem Autor finden sich soviele Einfälle und Ideen, aber auch Reflexionen über die Bedingungen von Einfällen und Ideen. ,,Wie viel Ideen schweben nicht zerstreut in meinem Kopf, wovon manches Paar, wenn sie zusammen kämen, die größte Entdeckung bewirken könnte. Aber sie liegen so getrennt, wie der Goslarische Schwefel vom Ostindischen Salpeter und dem Staube in den Kohlenmeilern auf dem Eichsfelde, welche zusammen Schießpulver machen würden. (...) Wenn wir beym Nachdenken uns den natürlichen Fügungen der Verstandesformen und der Vernunft überlassen, so kleben die Begriffe oft zu sehr an andern, daß sie sich nicht mit denjenigen vereinigen können, denen sie eigentlich zugehören. Wenn es doch da etwas gäbe, wie in der Chemie Auflösung, wo die einzelnen Theile leicht suspendirt schwimmen und daher jedem Zuge folgen können. Da aber dieses nicht angeht, so muß man die Dinge vorsätzlich zusammenbringen. Man muß mit Ideen experimentieren." (VS 9, S. 137f.).

Daß ,,Aufklären" und ,,Experimentieren" jedoch für Lichtenberg keine absoluten Werte sind, geht aus zahlreichen Äußerungen hervor: Im Sudelbuch von 1796 notiert er sich ,,Experimental-Politik, die französische Revolution" (L 322), für ihn ein Beispiel, wie experimentieren in Barbarei umschlagen kann. Etwas früher findet sich die folgende Eintragung: ,,Was man von dem Vorteile und Schaden der Aufklärung sagt, ließe sich gewiß gut in einer Fabel vom Feuer darstellen. Es ist die Seele der unorganischen Natur, sein mäßiger Gebrauch macht uns das Leben angenehm, es wärmt unsere Winter und erleuchtet unsere Nächte. Aber das müssen Lichter und Fackeln sein, die Straßenbeleuchtung durch angezündete Häuser ist eine sehr böse Erleuchtung. Auch muß man Kinder nicht damit spielen lassen." (K 257). Nicht nur Ironie ist es, wenn Lichtenberg - dessen Name die Lichtmetapher enthält - mehrfach darauf hinweist, daß die Aufklärungs-Metaphern ,,Licht und Feuer" naturwissenschaftlich die Phänomene bezeichnen ,,über deren Natur wir eigentlich wenig wissen" (SB IV, S. 814): ,,Es ist fast in der ganzen Physik nichts so dunkel als die Lehre von Feuer und Licht, durch das wir nur allein in der physischen Welt sehen." (SB IV, S. 492).

Zum gelehrten Aufklärer Lichtenberg gehört es, daß er gemeinsam mit Georg Forster, dem Weltumsegler, zwischen 1780 und 1785 das „Göttingische Magazin der Wissenschaften und Literatur" herausgibt, eines der vielen Periodika der Zeit, das die heute für uns so säuberlich getrennten „zwei Kulturen", nämlich (Natur-) „Wissenschaft" und „Literatur", gemeinsam und abwechselnd diskutiert. Nebenbei bemerkt, auch Lichtenbergs Lehrer, Mentor und späterer Grabredner, der Mathematiker Abraham Gotthelf Kästner war vielfältig literarisch tätig, berühmt und gefürchtet wegen seiner bissigen Epigramme und Satiren.

Die Abgrenzung der Fachgebiete und Disziplinen, wie wir sie heute kennen, gab es noch nicht, oder die Grenzen verliefen anders, als es uns heute selbstverständlich ist.

So hatte die Göttinger Universität zu Lichtenbergs Zeit vier Fakultäten: die theologische, juristische, medizinische und die philosophische, der Lichtenberg angehörte. Sowohl die Mathematik, Lichtenbergs eigentliches Lehrgebiet, als auch die Experimentalphysik, die er nach dem Tod seines jüngeren Kollegen Joh. Christian Polycarp Erxleben 1777 mitbetreuen mußte und die dann zu seiner fachlichen Domäne wurde, gehörten zur philosophischen Fakultät.

Das aufgeklärte England - Industrie und Großstadt
Lichtenbergs Vorlesungen, meist von 80-120 „Pursche" belegt, unter denen er in seinen Briefen meist noch die Zahl der „Grafen und Prinzen" hervorhebt, wurden auch von denen besucht, die Lichtenberg als Präceptor betreute und zum Teil in seine Wohnung aufnahm. Drei Jahre vor seinem Tod schrieb er, „die 10 schönsten Jahre meines Lebens (habe ich) mit der Zähmung von Engländern verloren!" (SB IV, S. 949). Durch diese Schüler aus höheren Kreisen - schließlich waren jahrelang bis zu drei Prinzen des Königshauses Hannover-England dabei - hatte er jedoch nützliche Verbindungen, die ihm nicht zuletzt bei seinen Englandreisen zugute kamen. Das England der angewandten Aufklärung in der technischen Entwicklung und Industrialisierung interessiert Lichtenberg nachhaltig, aus England bezieht er viele seiner physikalischen Experimentiergeräte, hier besichtigt er Manufakturen, lernt industrielle Fertigung und Rationalisierung kennen, versucht den Betriebsgeheimnissen der Watt'schen Dampfmaschine und der Baskervilleschen Drucktechnik auf die Spur zu kommen. In seinen veröffentlichten und privaten „Briefen aus England" wird auch die besondere Faszination deutlich, die die Riesenstadt London auslöst. Nach Brüggemann findet sich „die erste Darstellung einer großstädtischen Szenerie" der deutschen Literatur bei Lichtenberg (Brüggemann 1985. S. 22f.). Der Kontrast muß überwältigend gewesen sein: Die junge Universitätsstadt (seit 1735) Göttingen hatte zu Lichtenbergs Zeit etwa 8000 Einwohner, London dagegen war bereits auf etwa 800 000 angewachsen - in diese hundertfach größere Menschenansammlung taucht der kleine Göttinger Professor ein, erfährt und beschreibt Hektik und Gefahren, Anonymität und Unbekümmertheit, Brutalität und Freundlichkeit, Reichtum und Armut, Lebensgier und Verfall. Nach Brüggemann schildert

Lichtenberg seinen Gang durch die abendliche Metropole ,,mit dem Gestus eines wissenschaftlichen Experiments" (a.a.O. S. 24). Der Briefschreiber wird zum teilnehmenden Beobachter, der allerdings in das Geschehen mit einbezogen wird, er beschreibt zwar das Mitgerissenwerden in der Menge und das sichselbst-Vergessen als einer unter Tausenden, aber den eigenen Ängsten kann er dabei nicht entgehen, z. B. die Befürchtung, beraubt zu werden, ist ständig gegenwärtig. Diese Großstadtschilderung wird nicht nur durch den Kontrast zur hundertmal kleineren Heimatstadt herausgearbeitet, sondern auch durch den Gegensatz zu der Schilderung des genießerisch-angenehmen Lebens als persönlicher Gast den Königs in den weitläufigen Gärten von Kew und Richmond.

Nach Jean Paul ist Lichtenberg auch in seinem Stil ,,ein Bindegeist zwischen England und Deutschland" (Jean Paul V, S. 55).

Aufklärung durch den Göttinger Taschen Calender

Johann Christian Polycarp Erxleben, zwei Jahre jünger als Lichtenberg, ihm jedoch im akademischen und literarischen Erfolg voraus, hatte nicht nur bereits ein physikalisches Kompendium verfaßt, sondern war auch Herausgeber des 1776 gegründeten Göttinger Taschen Calenders, mit dem er sich aber offensichtlich wenig Mühe machte. Nach seinem frühen Tod 1777 fiel Lichtenberg eine zweifache Erbschaft zu: Er hatte nicht nur das Experimentalphysik-Kolleg zu übernehmen und in der Folge dann auch die fälligen Neuauflagen des Erxlebenschen Lehrbuchs zu bearbeiten, sondern bekam auch den Taschen Calender angetragen. Der Verleger und Freund Christian Dieterich überließ Lichtenberg für diese Arbeit eine Wohnung in seinem Hause. So arbeitete Lichtenberg zweiundzwanzig Jahre lang bis zu seinem Tod regelmäßig seinen ,,Hauszins" in Form der vielgelesenen Kalender und des beigebundenen ,,Taschenbuchs zum Nutzen und Vergnügen" ab.

Almanache, Kalender und Taschenbücher dieser Art waren ein vorzügliches Medium aufklärender Publizistik.

In einer ,,Nachschrift des Herausgebers" im Calender von 1786 (S. 197) setzt sich Lichtenberg mit dem Vorwurf auseinender, das ,,er zuweilen Dinge einmische, die eigentlich nicht für die Leser eines solchen Calenders gehören. Vermuthlich wird hiermit auf die astronomischen und physikalischen Artickel angespielt, die sich nicht so leicht weglesen lassen, als die Preiße von Porcellan, oder das Recept von einem Schönheitswasser. Da nun aber eben der so beurtheilte Calender zum zweitenmal hat aufgelegt werden müssen, so ist dieses wenigstens ein deutlicher Beweiß, daß entweder der Göttingische Calender auch von Leuten gelesen wird, die andere Calender nicht lesen, oder daß sich der Herr Recensent einen falschen Begriff von dem Calenderlesenden Publikum in Deutschland überhaupt gemacht hat. G.C.L.". Wenn er auch gelegentlich von dem ,,Taschenbüchelchen, das man nach einem Viertel-Jahr gemeiniglich wegwirft" (SB III, S. 556) sprach, so war doch das Kalendermachen für Lichtenberg keine nur lästige Nebensache, gerade als polemische und aufklärerische Plattform nutzte er dieses Medium sehr engagiert.

Monatskupfer
Zu den Kalendern - die übrigens auch in einer französischen Ausgabe erschienen - gehörte es, daß dem Taschenformat entsprechende Kupferstiche beigegeben waren, die entweder als einzelne Abbildungen oder im Dutzend als sogen. „Monathskupfer" eingefügt wurden. Meist waren es Stiche des Berliner Künstlers Daniel Chodowiecki, mit dem Lichtenberg korrespondierte, ihm Vorschläge für darzustellende Themen (z.B. *Heiratsanträge; natürliche und affektierte Handlungen*) machte, aber ihn auch darauf hinwies, daß er „alle sogenannten Leibes-Gebrechen" darzustellen vermeiden sollte, „sie könnten sonst leicht jemanden treffen, der mir sehr lieb wäre, oder gar mich selbst" (SB IV, S. 375f.)

Hogarth-Erklärungen
Von 1784 an erläuterte Lichtenberg im Taschen Calender regelmäßig Werke des Engländers William Hogarth (1697-1764), dessen Genie ihm auf seinen Englandreisen begegnet war. Dazu wurden Hogarths Bilder von dem Göttinger Kupferstecher Riepenhausen verkleinert nachgestochen.

Die Kalender-Erklärungen in einem Brief spricht Lichtenberg einmal selbstironisch von Hogarth - „Zerklärungen" (SB IV, S. 909) sind offenbar aus extemporierten mündlichen Kommentaren hervorgegangen . So berichtet ein anonymer Besucher (vermutlich Karl Philipp Moritz): „Die letzte Vorlesung, die ich in *Göttingen* hörte, war mir von allen, welchen ich beigewohnt habe, die Angenehmste, und gehört gewiß zu den Interessantesten, die je gehalten worden. Der Herr Professor *Lichtenberg* hatte nemlich bei meinem letzten Aufenthalt daselbst die Güte, mir und einigen andern Freunden die von ihm in London gesammleten, jetzt aber der Universitäts-Bibliothek überlassenen *Hogartschen* Kupfer zu erklären. Leider läßt es sich in der Kürze nicht so nacherzählen, wie viel die *Hogart*sche Laune, Kraft und Wahrheit in der Darstellung durch *Lichtenbergische mündliche* Kommentare , feine und scharfsinnige Bemerkungen, und weite Seiten-Blicke gewinnt." (Italien und Deutschland 2, 1792, 1. Stck. S. 59).

Diese Privatvorlesung Lichtenbergs ist uns nicht mehr zugänglich. Um einen Eindruck von Lichtenbergs erklärender Aufklärung durch die Erläuterung des „Naturhervorbringers" Hogarth zu geben, möchte ich ein Beispiel aus dem Göttinger Taschen Calender von 1793 auswählen, das zwar selbst keine Vorlesung ist, aber die Situation einer *Vorlesung* zum Inhalt hat: Lichtenberg erläutert das Blatt „The Lecture", das Hogarth 1737 schuf:

> „Dieses Blatt enthält des ungelehrten *Hogarth's* Spott über einige Pedanterien der englischen Universitäten, oder eigentlich der literarischen Klosterbrüder zu Oxford. Denn ob die Engländer eigentlich Universitäten haben,

wird von manchen bezweifelt, und von den *Schottländern* wenigstens schlechtweg geläugnet. Der gute *Hogarth* konnte wohl nicht unmittelbar beurtheilen, was dort getrieben wird, allein es müssen ihn einmal ein paar Physiognomien, die er dort erblickte, auf den Gedanken gebracht haben, daß an einem Ort, wo sich die Seelen solcher Schuhflickergesichter erbauen können und dürfen, als man hier sieht, die Wissenschaften etwas mehr mit den Händen als mit dem Kopf behandelt werden möchten." Freunde, berichtet Lichtenberg, hätten die Abgebildeten für Bedlam - (also Londoner Irrenhaus) - Patienten, für Abgeordnete der französischen Nationalversammlung oder für mystische Jünger Jacob Böhmes oder Swedenborgs gehalten. „Allein das ist alles nichts. Es sind Oxforder *fellows, Masters of arts, Doctors* etc., die sich hier eine Vorlesung über das *Datur vacuum* anhören und zu überdenken wenigstens *scheinen*. Auch scheinen sie sämmtlich *für* den Satz, vermutlich aus empirischer Anschauung Ihres innern Selbstes." „Auf vielen Exemplaren dieses Kupferstichs findet man gar keine Schrift auf dem Buch, auf anderen statt anfangs: *datur vacuum*[5] bloß mit Dinte von *Hogarth's* Hand hineingeschrieben. (...) *Hogarth* ließ die Stelle vermuthlich leer, um die Disputen der Zeit hineinzuschreiben. Jetzt (1793) stünde vielleicht *datur Phlogiston* oder *Oxygenium*, oder etwas von *Raum* und *Zeit* und *Caussalität* pro oder contra da. (...) Am besten wäre es wohl, man ließe das Blatt hinter Glas fassen mit einer Oeffnung da, wo das Buch ist, so wie bei Uhren die das Datum zeigen, und trüge dann auf eine bewegliche Scheibe dahinter die gelehrten Streitigkeiten des Tages ein, so könnte man allenfalls auch seinen Glauben wechseln, wenn bedenklicher Besuch auf die Stube käme. Deutschland allein könnte schon eine beträchtliche Scheibe versehen, wozu wir hier einige Beiträge lieferten. Allein - *vom Wahrsagen kann man wohl noch hier und da in Deutschland leben, aber nicht vom Wahrheit sagen!* (...)
Zum Beschluß merken wir noch an, daß die Köpfe etwas pyramidalisch geordnet sind. (...) das gehäufte Bogichte in der Gruppe und die dunklen Zwischenräume geben ihr in der Ferne das Ansehen einer schweren Donnerwolke, aus der diese Cherubsköpfe ominös hervorsehen, und es fehlen nur noch ein Paar herausgestreckte Posaunen, um für die Sonne der Aufklärung etwas von greifbarer Verfinsterung von diesem Gewitter zu fürchten. (VS 1853, 12. S. 285f.).[6]

Die regelmäßigen „Erklärungen der Hogarthischen Kupferstiche" gab Lichtenberg ab 1794 erweitert gesammelt heraus; obwohl er dieses Vorhaben selbst nicht vollenden konnte, wurde daraus doch seine umfangreichste Veröffentlichung.

Physiognomik-Streit mit Lavater
Das Hogarth-Unternehmen ist gewiß nicht ohne die erbitterte Fehde zu verstehen, die Lichtenberg ab 1777 mit dem Zürcher Geistlichen Johann Caspar Lavater um dessen „Physiognomik" ausfocht (vgl. Wieckenberg 1992).

William Hogarth: The Lecture (Hogarth (1833) vol. 1, S. 51)

Eines der meistzitierten Worte der Aufklärungszeit war der Vers des englischen Schriftstellers Alexander Pope: „The proper study of Mankind is Man" („Das wichtigste Studium des Menschen ist der Mensch selbst" Essay on man II,2 (1733); Pope 1966, S. 250). Es ist zugleich das Motto der neuen anthropologischen Wissenschaft, die sich in der zweiten Hälfte des 18. Jahrhunderts herauszubilden beginnt. Zunächst allerdings ist durchaus umstritten, welche Methoden zur wahren und nützlichen Menschenkenntnis führen.

Einen - ebenso alten, wie populären - Weg schlug Lavater vor: die Physiognomik. In seinen vierbändigen, aufwendig illustrierten „Physiognomischen Fragmenten zur Beförderung der Menschenkenntnis und Menschenliebe" (1775-1778) versuchte Lavater in einer für ihn charakteristischen Stilmischung aus schwärmerisch-enthusiastischem Überschwang und detaildeutender Analyse „durch das Aeußerliche eines Menschen sein Innres zu erkennen" (Lavater 1984, S. 21). Für Lavater ist der Schluß von der Leibesgestalt auf die Eigenschaften der Seele aufgrund des Zusammenhangs und der Harmonie zwischen beiden immer möglich. An Christusdarstellungen versucht er schließlich nachzuweisen, daß höchste Vollkommenheit der göttlichen Seele auch auch höchste körperliche Schönheit sein müsse. Im aufklärerischen Sinn will Lavater damit auch dem Ziel der Vervollkommnung des Menschen dienen, indem er indem er die Kunst zu demonstrieren und zu lehren versucht, das Gute, Edle und Schöne der Mitmenschen zu erkennen und zu befördern.

Lavater - zu dessen Werk u.a. auch der junge Goethe einige Physiognomiedeutungen beigetragen hatte - erfreute sich höchster Beachtung. So hat Lavater selbst sehr ausführlich eine Unterredung über die Physiognomik protokolliert, die er am 26. Juli 1777 mit Kaiser Joseph II. geführt hatte, der auf dem Rückweg von einem Besuch seiner Schwester Marie Antoinette aus Paris über Freiburg und Basel in Waldshut Station machte (Lavater 1943, S. 237). Lichtenberg hat vermutlich ebenfalls durch ein gekröntes Haupt den ersten Teil des kostbaren Werks Lavaters kennengelernt, nämlich durch die englische Königin auf seiner ersten Englandreise 1775 („die Königin hat mir das Buch geliehen, ob sie es gleich selbst nur geborgt hat" (SB IV, S. 252)).

Der Kaiser empfing Lavater in Waldshut mit der ebenso übertriebenen wie schmeichelhaften Bemerkung, die noch heute berufsmäßige Menschenkenner - wie Psychologen z.B. - so oft zu hören bekomen: „Ha, Sie sind ein gefährlicher Mensch; ich weiß nicht, ob man sich vor Ihnen darf sehen lassen; Sie sehen den Menschen ins Herz hinein; man muß wohl verwahrt seyn, wenn man Ihnen zu nahe kommt!".

Lichtenberg zeigte sich nicht so beeindruckt und respektvoll wie der Monarch. Fast zur gleichen Zeit, 1777, schreibt er seinen Kalender-Aufsatz „Ueber Physiognomik" (GTC 1778), der in der erweiterten Ausgabe den Lavaters Zusatz umstellenden trägt: „... wider die Physiognomen. Zu Beförderung der Menschenliebe und Menschenkenntniß" (SB III, S. 256f). Lichtenberg warnt vor „thätigen Stümpern" und rät zu „Behutsamkeit und Mistrauen", er vergleicht

Einige Silhouetten von unbekannten meist thatlosen Schweinen.

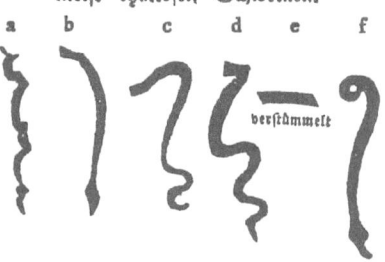

a, Schwach arbeitende Thatkraft; b, physischer und moralischer Speck; c, uns verständlich, entweder monströs oder Himmelsfunken lodernder Keim vom Wanderer zertreten; d, vermuthlich verzeichnet, sonst blendender, auffahrender Eberblitz; f, Kraft mit Speck verthatloset.

Acht Silhouetten von Purschenschwänzen zur Uebung.

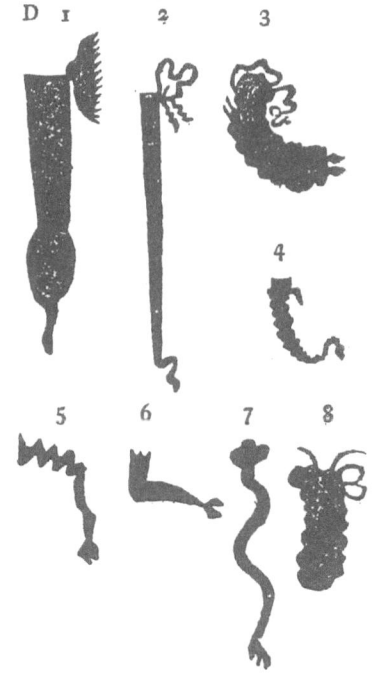

Aus dem „Fragment von Schwänzen" (VS 3, S. 596f.)

das Charakterdeuten mit den Wetterprognosen, fragt, ob denn der Körper allein durch die seelischen Bewegungen gebildet werde, oder ob nicht vielfältige Bedingungen daran beteiligt seien. Derjenige, der hier Lavaters Behauptung „die schönste Seele bewohne den schönsten Körper, und die häßlichste den Häßlichsten" als „einen äusserst unüberlegten und niederschlagenden Gedanken" bezeichnet, wußte zweifellos, wovon er redete, denn er mußte am eigenen Leibe täglich erfahren, was es heißt körperlich mißgestaltet zu sein. Vielleicht, so fragte er sarkastisch, sollte man auch sagen, „die gröste Seele (bewohne) den grösten und die gesundeste den gesundsten (Körper)?". Physiognomik ist nach Lichtenberg „äusserst trüglich". „Nützlicher wäre ein anderer Weg, den Charakter des Menschen zu erforschen", und der sich vielleicht wissenschaftlich behandeln liesse: „Nemlich aus bekannten Handlungen eines Menschen, und die zu verbergen er keine Ursache zu haben glaubt, andere nicht eingestandene zu finden. Eine Wissenschaft, welche Leute von Welt in einem höheren Grad besitzen, als die armen Tröpfe glauben können, die ihr Opfer täglich werden." (GTC 1778).

Die „Schwanz-Physiognomik"
Wohl zur gleichen Zeit dieser Lavater-Kritik im Taschenkalender der übrigens in diesem Jahr schnell vergriffen war, verfaßte Lichtenberg mit dem „Fragment von Schwänzen" eine Lavater-Parodie, die zunächst nur als Brief zur Belustigung unter Freunden zirkulierte, dann aber 1783 ohne Wissen Lichtenbergs und ohne Namensnennung als „Ein Beytrag zu den Physiognomischen Fragmenten" in einem „Magazin für Ärzte" veröffentlicht wurde. Der Verfasser war schnell erkannt, aber erst nach seinem Tode wurde das „Fragment" in den Vermischten Schriften (Bd.3) unter seinem Namen neu gedruckt.[7]

In den Sudelbuch-Aufzeichnungen der späten Jahre (1789-93) bezeichnet Lichtenberg die Physiognomik rückschauend als „Mode", ebenso wie das Aufklären überhaupt: „Ich rechne bei vielen unserer sogenannten Verbesserungen, als unsere größere humanity, unser Eifer in der Philosophie aufzuklären, nicht viel. Es ist fürchte ich alles bloß Mode, so wie es die Physiognomik vor ohngefähr 4 bis 5000 Tagen war. Mich dünkt überhaupt muß man bei den Deutschen nur suchen Dinge *Mode* zu machen, wenn nur damit Gutes geschieht, so ist es ja auch gut." (J 290)

Selbstaufklärung im Sudelbuch

Nachweislich ab 1764, also als Student mit 22 Jahren, begann Lichtenberg regelmäßig Hefte und Merkbücher für Aufzeichnungen aller Art zu führen; persönliche Bemerkungen, Beobachtungen, Reflexionen, treffende Pointen, Kommentare zu Gelesenem, Lebensweisheiten, Hypothesen, Beschreibungen u.a. finden sich in reicher Fülle und kaum in zusammenhängender Folge. Die Eintragungen samt und sonders als „Aphorismen" zu bezeichnen und Lichtenberg damit zum Hauptvertreter einer bestimmten literarisch-philosophischen Gattung vor Schopenhauer und Nietzsche zu machen (vgl. Requadt 1948), ist heute nicht mehr vertretbar, denn seit der gesamte erhaltene Bestand der „Sudelbücher" (SB I u.II) überschaut werden kann, wird deutlich, daß die Eintragungen der selbstaufklärenden Ideen- und Materialsammlung und -produktion dienten und weniger eine sprachlich prägnante, geschliffene Maximen- und Lebensweisheitensammlung mit Verkündungscharakter darstellen. Lichtenbergs weitere Bezeichnungen für seine etwa 16 erhaltenen Sudelbücher sind: Hudelbuch, common place book, Wastebook, Klitterbuch, Schmierbuch, Hausbuch. "Die Kaufleute haben ihr Waste book (Sudelbuch, Klitterbuch glaube ich im Deutschen), darin tragen sie von Tag zu Tag alles ein, was sie verkaufen und kaufen, alles durch einander ohne Ordnung, aus diesem wird es in ein Journal getragen, wo alles mehr systematisch steht (...). Dieses verdient von den Gelehrten nachgeahmt zu werden. Erst ein Buch worin ich alles einschreibe, so wie ich es sehe oder wie es mir meine Gedanken eingeben, alsdann kann dieses wieder in ein anderes getragen werden, wo die Materien mehr abgesondert und geordnet sind. (...) (E 46). „In das Sudel-Buch können die Einfälle die man hat, mit aller der Umständlichkeit ausgeführt werden, in die man gewöhnlich verfällt so lang einem die Sache noch neu ist. Nachdem man bekannter mit der Sache wird, so sieht man das Unnötige ein und faßt es kürzer. (...) Ich (habe) oft mit dem, was ein Aufsatz im Sudelbuch war, einen Audruck (in einem veröffentlichten Artikel) schattiert" (E 150). Diese Auffassung vom Sudelbuch als dem ausführlicheren Ideenmagazin widerspricht zweifellos der Behauptung, Lichtenberg habe hier vollendet formulierte Aphorismen notiert - zumindest von seiner eigenen Absicht her war es nicht so.

Welche Funktion haben nun diese Kladden für den Autor? Das Notieren hat zunächst sicherlich Gedächtnisfunktion, flüchtige Ideen und Einfälle werden festgehalten und aufbewahrt. Nach den erhaltenen Quellen und nach der üblichen Abgrenzung und Zählung einzelner Einträge sind es rund 9000 Notizen, deren Länge von einzelnen Worten bis zu mehreren Seiten geht. Wie eifrig und intensiv Lichtenberg diesen Vorrat für seine schriftstellerischen Produktionen genutzt hat, läßt sich erst mit Hilfe der Ausgabe der „Schriften und Briefe" von W.Promies abschätzen: hier ist im Anmerkungsteil nachgewiesen, daß Lichtenbergs Aufsätze und auch ein Großteil der Briefe in vielen Formulierungen in den Sudelbuch-Eintragungen oft wörtlich vorgeprägt sind. Das über 350 Druckseiten umfassende Wortregister zu den Sudelbüchern ermöglicht es erstmals, einzelne Begriffe aus Lichtenbergs Texten in der ungeordneten Fülle der Sudelbücher aufzufinden (SB I/II Kommentarband, 1992).

Daß die Lichtenbergische Skepsis (vgl. Wuthenow 1976) besonders in ihrer sprachlich-konjunktivischen Form in den Sudelbüchern auffallend häufig ist, läßt sich sogar zählend nachweisen (Schöne 1982). Natürlich spiegeln sich auch alle heftigen Kontroversen, z.B. mit Lavater oder dem Odyssee-Übersetzer Johann Heinrich Voß und anderen in den Aufzeichnungen wider; hier werden die polemischen Formulierungen probeweise gewagt, ehe sie der Öffentlichkeit zugemutet werden.

Nach Lichtenbergs Tod nach und nach veröffentlicht, wurden aus den Sudelbüchern Weisheiten für die Rückseiten von Tageskalender-Blättern ausgewählt, witzige Einsichten, die dem Leser das Gefühl vermitteln, daß ein eigener Gedanke hier prägnate Formulierung gefunden hat. Nur fünf Pröbchen:

- „Die kleinsten Unteroffiziere sind die stolzesten" (S 184)
- „Mit größerer Majestät hat noch nie ein Verstand stillgestanden"(C 25)
- „Heutzutage machen drei Pointen und eine Lüge einen Schriftsteller" (D 139)
- „Der Mann hatte so viel Verstand, daß er fast zu nichts mehr in der Welt zu gebrauchen war" (D 451)
- „Es ist ihm wie einem großen philosophischen Schwätzer nicht so wohl um die Wahrheit zu tun, als um das Geläute seiner Prose." (D 153).

So wird heute der Kalendermacher Lichtenberg von den modernen Kollegen dieser Branche gern ausgebeutet; wobei es merkwürdig ist, daß seine Formulierungen kaum zu „Geflügelten Worten" geworden sind. Ihr meist auf ganz spezielle Konstellationen bezogener Witz läßt offenbar eine allzu vielseitige Verwendung nicht zu und macht sie deshalb sperrig für unser Gedächtnis. Schließlich hat sie sich der Autor selbst auch notiert, damit sie ihm nicht entschlüpfen. Er selbst war allerdings, wie er notierte „ein rechtes Sonntagskind in Einfällen" (D 177). Und diese Einfälle, diese oft skurrilen Fragen und Annahmen sind es, die ihre anregende Wirkung auch heute noch entfalten, wenn man sich ihnen auszusetzen bereit ist.

Auch in den Sudelbüchern findet sich Erfahrung in Bezug auf den heimlichen roten Faden dieses Aufsatzes, das Thema „Vorlesung": „Diejenigen Lehrer, die die größten Schüler gezogen haben, sind immer diejenigen gewesen, die anschauliche Theorien gehabt haben, die synkretistischen Freidenker[8] können berühmte Leute werden, sie sind aber gewiß nie glückliche Lehrer. Es ist nichts Festes darin, für sie selbst wohl, aber das paßt für keine Zuhörer. Ein systematischer Freidenker ist freilich auch ein Systematiker. (...)" (J 476).

Lichtenberg war konsequent darin, Aufklärung von der beharrlichen Selbstaufklärung ausgehen zu lassen. Mit skeptischem, kritischem Denken, auf Erfahrung und Experiment empirisch bezogen, dabei die „niederen Seelenvermögen" der Sinnlichkeit, ja, sogar den eigenen Aberglauben (vgl. Löhnert 1992) nicht ausklammernd, setzt er sich didaktisch und polemisch, persönlich und publizistisch mit seinen Mitmenschen - und mit sich selbst - auseinander. Sein wacher, beobachtender Geist kann durch seine vielfältigen Äußerungen heute noch Impulse zur eigenen Aufklärung geben. Die Gedankenblitze Lichtenbergs haben auch nach 200 Jahren ihre Zündspannung nicht verloren.

Anmerkungen

[1] Der bekanntlich im Jahr zuvor mit dem preußischen Religionsedikt zum massiven Gegenschlag gegen die Aufklärung in seinem Lande ausgeholt hatte.

[2] Georg III (1738 1820)

[3] Vgl.: Müller Ulfrid (1994) Der Bau des WetterAbleiters auf der St. Osdag-Kirche in NeustadtMandelsloh 1782 1784. In: Lichtenberg-Jahrbuch 1994. S. 81 92. Dort ist auch Lichtenbergs Gutachten von 1783 S. 72 80 nach der erhaltenen Abschrift vollständig abgedruckt.

[4] Conrad Photorin war ein Pseudonym, das er zuweilen benutzte.

[5] „es herrscht Leere"

[6] die durch die Dummheit und Borniertheit der Menschen drohenden „Verfinsterung der Aufklärung" sollte allerdings dann im Geltungsjahr dieses Kalenders (1793) durch die mit der Hinrichtung Ludwigs XVI beginnende revolutionäre Barbarei in den Schatten gestellt werden.

[7] Ein Autograph des Fragments ist 1992 als Faksimile in einem Privatdruck der Lichtenberg-Gesellschaft (Darmstadt) veröffentlicht worden.

[8] diejenigen also, die mehrere verschiedene Theorien auf eigene Weise zu vermischen suchen

Literatur

(Lichtenberg-Zitate werden abgekürzt nach den folgenden Siglen zitiert: SB = Schriften und Briefe, 4 Bde. u. Kommentarbde. hrsg. Wolfgang Promies; VS = Vermischte Schriften 1800 1853; GTC = Göttinger Taschen Calender. Sudelbuch-Einträge werden (wie in SB) nach der seit Leitzmann üblichen Zählung mit Buchstaben (für Heft, Buch) und Nr. bezeichnet)

Achenbach, Bernd und Ulrich Joost (1991) Lichtenbergs äußere Erscheinung. Eine kritische Ikonographie. (LichtenbergStudien Band I) Göttingen, Wallstein

Baasner, Rainer (1992) Georg Christoph Lichtenberg. (Erträge der Forschung; Bd. 278) Darmstadt, Wiss.Buchges.

Boètius, Henning (1989) Der Gnom. Roman. München, Goldmann

Brüggemann, Heinz (1985) „Aber schickt keinen Poeten nach London!" Großstadt und literarische Wahrnehmung im 18. und 19. Jahrhundert. Texte und Interpretationen. Reinbek: Rowohlt

Fester, Richard (1905) „Der Universitäts-Bereiserö" Friedrich Gedike und sein Bericht an Friedrich Wilhelm II. (1. Ergänzungsheft des Archivs f. Kulturgeschichte, hrsg. v. G. Steinhausen). Berlin, Duncker

Freiburger Universitätsblätter (1984) Lichtenbergs Aufklärung: Experimenteller Blick und beobachtende Vernunft. Heft 84. Freiburg, Rombach

Georg Christoph Lichtenberg 1742-1799 Wagnis der Aufklärung (1992) Ausstellungskatalog. München, Hanser

Göttinger Taschen Calender / Taschenbuch zum Nutzen und Vergnügen. Reprints 1778/1991; 1781/1989; 1782/1995; 1786/1994; 1794/1993. Originale: Göttingen, Joh. Christ. Dieterich/Reprints: Mainz, Dieterich'sche Verlagsbuchhandlung (GTC)

Gravenkamp, Horst (1989) Geschichte eines elenden Körpers. Lichtenberg als Patient. (Lichtenberg-Studien Band II). Göttingen, Wallstein

Hinrichs, Wiard und Ulrich Joost (1989) (Hrsg.) Lichtenbergs Bücherwelt. (Lichtenberg-Studien Band III) Göttingen, Wallstein

Hofmann, Gert (1996) Die kleine Stechardin. Roman. München, dtv

Hogarth, William (o.J. (1833)) The Works of William Hogarth, in a series of 150 steel engravings by the first artists with descriptions and a comment on their moral tendency, in two volumes by the Rev. John Trusler. To which are added, anecdotes of the author and his works by J. Hogarth and J.Nichols. London, E.T. Brain & Co.

Hogarth, William (1980) Ausstellungskatalog William Hogarth 1697-1764. Berlin, Neue Gesellschaft für Bildende Kunst e.V.

Jean Paul (1967) Werke. Bd. 5 (Vorschule der Aesthetik). München, Hanser

Lavater, Johann Caspar (1943) Ausgewählte Werke, hrsg. v. E. Staehelin. 2. Band: Gott schuf den Menschen sich zum Bilde 1772 - 1779). Zürich, Zwingli-V.

Lavater, Johann Caspar (1984) Physiognomische Fragmente zur Beförderung der Menschenkenntnis und der Menschenliebe. Eine Auswahl. Stuttgart, Reclam

Lichtenberg, Georg Christoph (1783) Nachricht von dem ersten Blitzableiter in Göttingen, nebst einigen Betrachtungen dabey (zuerst 1780). In: Gazette de Santé oder gemeinnütziges medicinisches Magazin. Zweyter Jahrgang. 5. und 6. Stück. Zürich, Füeßli. S. 684-689

Lichtenberg, Georg Christoph (1800 - 1806) Vermischte Schriften nach dessen Tode gesammelt und herausgegeben von Ludwig Christian Lichtenberg und Friedrich Kries. Bde. 1-9. Göttingen, Dieterich. (Nachdruck Bern, Lang 1972) (VS)

Lichtenberg, Georg Christoph (1852 - 1853) Vermischte Schriften. Bd. 11-14. Erklärung der Hogarthischen Kupferstiche (ab Nr. XXVII). Göttingen, Dieterich (VS)

Lichtenberg, Georg Christoph (1967 - 1992) Schriften und Briefe. Hrsg. v. Wolfgang Promies. 4 Bde und 2 Kommentarbde. München, Hanser (Lizenzausg. o.J., Zweitausendeins) (SB)

Lichtenberg, Georg Christoph (1983ff.) Briefwechsel. Hrsg. von Ulrich Joost und Albrecht Schöne. Bde. 1-4. München, Beck

Lichtenberg, Jahrbuch (seit 1988) Hrsg. im Auftrag der Lichtenberg-Gesellschaft v. Wolfgang Promies und Ulrich Joost. Saarbrücken, SDV

Löhnert, Paul (1992) Gottesglaube, Wissenschaftsglaube, Aberglaube. Drei Orientierungssysteme und ihr Zusammenhang bei Georg Christoph Lichtenberg. In: Text + Kritik, H. 114, S. 27-38

Pope, Alexander (1966) Poetical Works. Ed. H. Davis. Oxford, Univ. Press

Promies, Wolfgang (1964) Georg Christoph Lichtenberg in Selbstzeugnissen und Bilddokumenten. Reinbek b. Hamburg, Rowohlt (Rowohlt-Bild-Monographien 90)

Promies, Wolfgang (Hrsg.) (1974) Aufklärung über Lichtenberg. Göttingen, Vandenhoeck & Ruprecht

Requadt, Paul (1948) Lichtenberg. Zum Problem der deutschen Aphoristik. Hameln, Bücherstube Seifert

Schöffler, Herbert (1967) Deutscher Geist im 18.Jahrhundert. Essays zur Geistes und Religionsgeschichte. 2. Aufl. (darin: Lichtenberg und der Lehrer; Lichtenberg. Der Forscher und Mensch). Göttingen, Vandenhoeck & Ruprecht

Schöne, Albrecht (1982) Aufklärung aus dem Geist der Experimentalphysik. Lichtenbergsche Konjunktive. München, Beck

Verrecchia, Anacleto (1988) Georg Christoph Lichtenberg Der Ketzer des deutschen Geistes. Wien u.a., Böhlau

Wieckenberg, Ernst-Peter (1992) Lichtenbergs „Erklärungen der Hogarthischen-Kupferstiche" ein AntiLavater? In: Text + Kritik, H. 114, S. 39-56

Wuthenow, Ralph-Rainer (1976) Lichtenbergs Skepsis. In: Hans Joachim Piechotta (Hrsg.) Reise und Utopie. Zur Literatur der Spätaufklärung. Frankfurt/M., Suhrkamp. S.283-301
Zimmermann, Jörg (Hrsg.) (1988) Lichtenberg - Streifzüge der Phantasie. Hamburg, Dölling u. Galitz

Wolfgang Hug
Spätaufklärung in Freiburg

Einleitung

Einer Geistesbewegung und Geschichtsepoche wie der Aufklärung auf regionaler Ebene nachzuspüren, verspricht eine Reihe von Vorzügen für die historische Erkenntnisbildung. Erstens ermöglicht dieser lokale oder regionale Zugang eine Konkretisierung. Man beginnt Menschen wahrzunehmen, die „aufgeklärt" wurden oder es waren, die bei der Aufklärung „mitgemacht" haben, d. h. die auf sie eingewirkt und an ihr mitgewirkt haben bzw. etwas in ihr bewirken wollten. Zum Zweiten zwingt der lokale oder regionale Zugriff zur Differenzierung. Man wird sich dessen bewußt, daß jede geschichtliche Zusammenfassung eine Abbreviatur oder gar eine Amputation darstellt, durch die viel verloren geht. Die Differenzierung bei der Analyse der Aufklärung gleichsam „vor Ort" zeigt spezielle Ausformungen der allgemeinen Entwicklung, Besonderheiten, Eigenarten. Drittens fördert die lokale oder regionale Betrachtung der Aufklärung die persönliche Betroffenheit. Es geht eben hier nicht um Entwicklungen einer fernen Wirklichkeit, die von ganz und gar fremden Menschen gemacht und erlitten wurde, sondern um etwas Naheliegendes, Nachvollziehbares, an dem Menschen beteiligt waren, die hier gelebt haben und deren Nachkommen noch unter uns leben. Schließlich und viertens erlaubt der lokale oder regionale Zugriff auch dem Laien, bestimmte Befunde zu überprüfen, nach Zeugnissen zu suchen und sich mit ihnen auseinanderzusetzen.

Versuchen wir nun, diese Möglichkeiten bei der Betrachtung der „Aufklärung" in Freiburg zu nutzen und fruchtbar zu machen. Dabei ist vorweg zu klären, daß der Prozeß der Aufklärung in Freiburg eigentlich erst in seiner Spätphase zu greifen ist, d. h. wir begegnen der Aufklärung hier in der spezifischen Form der Spätaufklärung, und sie hat außerdem einen konfessionell katholischen Einschlag, weshalb man hier von der „katholischen Spätaufklärung" zu sprechen hat.

1. Aufklärung im Breisgau als katholische Spätaufklärung

Im westlichen Europa haben Denker die Lawine losgetreten, die über die Staaten hereinbrach und sie bis zur Revolution trieb. Hier am Oberrhein war es anders. Hier haben nicht aufgeklärte Köpfe den Wandel von Staat und Gesellschaft vorausgedacht und herbeigeführt. Vielmehr erscheinen aufgeklärte Staatsmänner bzw. Landesherren und aufgeklärte Theoretiker zu gleicher Zeit. Denken und Handeln im neuen Geist durchdringen sich von Beginn an wechselseitig. Die konsequentesten Aufklärer waren hier im deutschen Südwesten die Herrscher selbst, Karl Friedrich von Baden und Joseph II. von Österreich.

Bereits Maria Theresia trat als entschiedene Repräsentantin des Reformabsolutismus auf, ihrem Gegenüber Friedrich dem Großen in dieser Hinsicht durchaus ebenbürtig. Erst recht hat ihr ältester Sohn Joseph II., der seit 1765 Mitregent auf dem Thron wurde, die absolute Macht der Monarchie geradezu als Instrument benutzt, um das Gemeinwesen (und damit den Monarchen selbst) der Vernunft zu unterwerfen, der Vernunft des Staates, m.a.W. der Staatsräson.

Nicht Tradition und Gewohnheit sollten das politische System beherrschen. Die Gewohnheit hatte, wie der beste Kenner der Verhältnisse, Eberhard Gothein, einmal es nannte, hierzulande eine ,,behagliche Anarchie" hervorgebracht. Jetzt sollte die Vernunft zum Maßstab werden. Nach dem Maßstab der Vernunft wollte man den sittlichen und materiellen Fortschritt (oder gar Wohlstand) der Bevölkerung gestalten, ja herstellen oder ,,machen". Das Ziel war die allgemeine ,,Melioration" des Landes und der Bevölkerung.

Deshalb wurde das überlieferte Regiment der Breisgauer Stände - eben jene behagliche Anarchie - ersetzt durch einen ständigen Ausschuß. Die Justiz wurde von der Verwaltung getrennt. Der Vorsitzende der obersten Landesbehörde wurde nicht mehr gewählt, sondern vom Monarchen als Regierungspräsident ernannt. Entsprechend trat an die Stelle des gewählten Schultheißen in der Stadt ein von der Regierung ernannter Bürgermeister. Das Land wurde vermessen, die Gemeinden wurden visitiert. Dabei hatten die Kreiskommissäre zu prüfen, ob das Volk ,,eine gesunde, vernünftige Denkart habe oder von schädlichen Vorurteilen eingenommen sei, ob es arbeitsam sei oder träge" und dergleichen mehr.

Aufklärung als Reform von oben: Das ist ein kennzeichnendes Prinzip der südwestdeutschen Entwicklung im späten 18. Jahrhundert. Es hat den Obrigkeitsstaat modernisiert und in den Augen der bürgerlichen Elite akzeptabel werden lassen. Fortschritt sollte auch künftig hierzulande eher durch ein fortschrittliches Beamtentum (im Bündnis mit dem aufgeklärten Landesherrn) vorankommen als durch eine Revolution von unten.

Ein zweites Kennzeichen der Aufklärung in unserem Raum ist ihre kirchenpolitische Ausrichtung. Was in protestantischen Ländern längst erfolgt war, die Indienstnahme der Kirche für den Staat, das wollten die österreichischen Reformabsolutisten endlich auch hier im katholischen Breisgau nachholen. Dabei kam ihnen ein bedeutender Teil der Intelligenz des Landes entgegen. Die Macht der Bischöfe und Äbte wurde beschnitten. Klöster wurden aufgehoben, säkularisiert (allein im Breisgau fast zwei Dutzend), und zwar vor jener umfassenden Verstaatlichung der Kirchengüter unter der Vorherrschaft Napoleons zu Beginn des 19. Jahrhunderts. Die Gesellschaft Jesu wurde verboten, die Jesuiten verschwanden 1773 von der Universität und aus dem Kolleg bzw. dem Gymnasium academicum in Freiburg. Der Klerus sollte unter staatlicher Aufsicht ausgebildet und im „Generalseminar" aufgeklärt erzogen werden. Gewiß gab es auch Widerstand, vor allem im einfachen Volk. Aber unter den anstelle der Jesuiten an die Freiburger Universität berufenen Professoren waren überwiegend Anhänger der Aufklärung: Engelbert Klüpfel, Leonhard Hug, vor allem aber Johann Caspar Ruef, „Doktor der Rechte, Universitätsbibliothekar und Professor für Griechisch am Gymnasium". Mit diesen Titeln finden wir ihn als Herausgeber einer Zeitschrift in Freiburg, der er den provozierenden Titel gab „Der Freymüthige". Sie erschien erstmals 1782. Da die „öffentliche Meinung" einen Schlüsselbegriff der Aufklärung darstellt, scheint es mir sinnvoll, an dieser Zeitschrift einige Grundelemente der katholischen Spätaufklärung in Freiburg zu verdeutlichen.

Als Motto findet sich auf dem Titelblatt ein Satz von Tacitus:
Rara temporum felicitas, ubi sentire, quae velis, et quae sentias, dicere licet.
Selten ist das Glück solcher Zeiten, in denen erlaubt ist, zu fühlen (und zu denken, wahrzunehmen, zu urteilen) was du willst, sowie das, was du fühlst, denkst, wahrnimmst usw., zu sagen, wie du es willst.

Der Freymüthige. Die Freiheit ist das Schlüsselwort der aufgeklärten Denker, der Philosophen. Das Programm des „Freymüthigen" läßt den Horizont erkennen, auf den hin Aufklärung hier im vorderösterreichischen Südwesten ausgerichtet war. Die als Monatszeitschrift einer Gesellschaft zu Freiburg im Breisgau angekündigte Publikation sollte vier Teile enthalten. Zunächst landesherrliche Verordnungen. Die meisten bezogen sich auf kirchenpolitische Reformen, auf eine Beschneidung von Rechten und Institutionen der katholischen Kirche. Ein zweiter Teil der Zeitschrift enthielt Abhandlungen, und zwar - wie Ruef ankündigte - solche gegen Vorurteile, abergläubische Torheiten und Mißbräuche, solche für Menschenliebe und Toleranz, „und überhaupt zur Aufklärung des Verstandes und zur Besserung des Herzens und der Sitten in unserem Vaterlande." Ein dritter Teil brachte Rezensionen von Büchern, vor allem von solchen zu Schul- und Kirchenfragen. Ein halbes Dutzend etwa von Büchern mit dem Thema „Was ist der Papst?" Der vierte Teil schließlich enthielt aktuelle Nachrichten von Universitäten, Schulen, Bibliotheken aus Vorderösterreich und den Nachbarländern. In der ersten Nummer konnte man unter dieser Rubrik eine ausführliche Schilderung der hiesigen Normalschule lesen.

Mehr als zwei Drittel der Abhandlungen dieser Zeitschrift haben kirchenkritischen Inhalt. „Ob das Bibellesen in der Muttersprache erlaubt sei", „Von den Hindernissen einer allgemeinen Kirchenreform" u. ä. mehr. Es ging um Kirchenkritik im Interesse einer Reform der katholischen Kirche. Der Zölibat wurde ausführlich verhandelt (übrigens stets „Cälibat" genannt - obwohl der Begriff doch vom lateinischen coelebs - unvermählt - abgeleitet wird), und zwar in Form eines Dialogs zwischen einem aufgeklärten Laien und einem eher hilflosen Geistlichen, der schließlich nachgibt und (1782!) dem Argument zustimmt, daß der Zwangszölibat abzulehnen sei. Im offiziellen Teil werden zahllose Verordnungen Josephs II. zur Toleranz gegenüber den „akatholischen" Konfessionen (der augsburgischen und der helvetischen) abgedruckt. Bekanntlich hat das Toleranzedikt von 1781 zur Berufung des ersten protestantischen Ordinarius an die Freiburger Universität geführt, des Ästhetik- und Literaturprofessors Johann Georg Jakobi, der bald auch zum Rektor avancierte: der erste protestantische Rektor einer katholischen Universität in Deutschland! Abgedruckt ist ferner ein Erlaß von 1782, mit dem der Staat die katholischen Partner einer Mischehe davon entpflichtete, die Kinder katholisch zu erziehen.

Von der Pressefreiheit handelt ein langer Beitrag. Joseph II. habe sie als „unendlich schätzbare Wohltat den Untertanen gewährt", wobei der Verfasser argumentiert: „Der wichtigste Vorteil, der aus der Pressefreiheit entspringt, besteht ohne Zweifel in der Aufklärung und sittlichen Erhöhung eines Volks. Die Pressefreiheit steht mit der Freiheit zu denken, und diese mit der Fähigkeit, die Wahrheit zu untersuchen, in untrennbarem Zusammenhang."

Ruef hat seine Zeitschrift ein paar Mal zu verbessern versucht und sie dann 1785 mit einem neuen Titel versehen: „Freyburger Beiträge zur Beförderung des ältesten Christentums und der neuesten Philosophie". Welch ein Programm! Das Christentum auf seine Ursprünge zurückführen und dies im Licht der modernsten Philosophie: Eben dies hatten ja die Philosophen der Aufklärung mit der Befreiung des Denkens vom Glauben (im Sinne von Aberglauben) betrieben. Die Befreiung bzw. den Ausgang des Menschen aus seiner selbstverschuldeten Unmündigkeit, wie die Formel Immanuel Kants lautete. Ruef formulierte als Ziel seiner Zeitschrift ausdrücklich den Kampf gegen „Aberglauben, Köhlerglauben und Schwärmerei", aber auch gegen Atheismus wie gegen „alle Fesseln der Unvernunft" - positiv gewendet: Für die Verbreitung der Denkfreiheit, des wahren christlichen Geistes der Toleranz. Ruef und sein Landesherr hatten das gleiche Ziel: eine Vernunftreligion ohne konfessionelle Bindung. Religion sollte zur praktischen Philosophie werden, die Priester zu „Offizieren der Moral". Selbstdenken wurde von aufgeklärten Christen gefordert.

Mit einem solchen Programm bekam die Spätaufklärung hier im katholischen Südwesten eine militante Spitze gegen die etablierte Kirche. Viele empfanden die Aufklärung deshalb als antiklerikal und antirömisch. Die spezifisch österreichische und besonders vorderösterreichische Spielart der Aufklärung bildet eben der sogenannte Josephinismus. Er zielt (im guten Sinn) auf eine Reform von Kirche und Christentum durch Überwindung von Aberglauben und historisch gewachsenen Mißwuchs. Mit der radikalen Begründung der Religion auf die Vernunft aber stellte er das Fundament des katholischen Glaubens in Frage. Noch bedrohlicher schien den kirchentreuen Katholiken in Klerus und Volk die Instrumentalisierung des Religiösen und der kirchlichen Institutionen für den Staat und seine Interessen. Hier in der Verbindung von staatlichem Omnipotenzanspruch und aufklärerischem Reformeifer ist wohl der Grund dafür zu sehen, daß die katholische Kirche damals vor gut 200 Jahren und seitdem in ihrer Geschichte sich der Aufklärung verweigern wollte, sie oft denunziert und oft auch leidenschaftlich bekämpft hat.

Es wäre freilich naiv und vor-urteilend, wollte man den katholischen Widerstand gegen die (ebenso katholische) Spätaufklärung bzw. den Josephinismus nur als borniertenund reaktionären Fundamentalismus deuten und einschätzen. Die josephinischen Reformen waren nicht nur viel zu hektisch und autoritär proklamiert; sie erscheinen uns auch heute extrem bürokratisch und unsensibel.

So wurden die Zahl der Kerzen an den Altären oder die Länge der Predigten vorgeschrieben, das Wetterläuten verboten und wiederverwendbare Särge (mit Klappboden) verordnet - um nur einige Beispiele zu nennen. Das mußte die religiösen Gefühle der einfachen Leute auf dem Land wie in der Stadt verletzen. Erst recht traf es die frommen Leute, wenn - unter dem Beifall der aufgeklärten Theologen - Wallfahrten verboten, Bruderschaften aufgelöst, Klöster geschlossen wurden (sofern sie keine karitative ode wissenschaftliche Funktion nachweisen konnten). Auch die Zerschlagung der Großpfarreien und die Errichtung von Ortspfarreien schuf böses Blut.

Besonders verletzend wirkte auf viele Gläubige der verächtliche Ton josephinischer Aufklärer in ihrem Spott über die jesuitischen Finsterlinge, die päpstliche Geld- und Machtgier, die verrotteten Zustände in den Bettelorden oder die kindischen Auswüchse im Marienkult, - um auch hier wieder nur weniges zu nennen. Es gab nicht wenige Katholiken hier, die Joseph II. für einen Ketzer, wenn nicht für eine Ausgeburt des Leibhaftigen hielten.

Bei allem Respekt für die welthistorische Bedeutung der Aufklärung für die Geburt der Moderne sollte man sich nicht zu blinder Begeisterung für sie hinreißen lassen. Der schrankenlose Vernunftglaube der meisten Aufklärer hält kritischer Beurteilung ebenso wenig stand wie die Tendenz zum Nationalen, wie sie beispielsweise der Freiburger Theologe Klüpfel in einem 1793 formulierten Appell zum Ausdruck brachte:

„O Deutschland, wache auf, schon ist die Flamme
auch deinem Dache nah, wach auf, wach auf!
Wer die Geschichte liest, der weiß genau,
daß der Franzose stets den Deutschen haßt.

Aufs neu verheert der Kelte dein Gebiet,
er raubt dein Gut, es flammen deine Schlösser.
Wenn je in deutscher Brust ein Tropfen des alten Blutes fließt ...
steht auf, seid einig, verteidigt eures Vaterlandes Grenzen ...!"

Uneingeschränkten Beifall erhielt die Aufklärung stets von links. So schrieb der ehemalige Franziskanerpater und führende Jakobiner in Straßburg, Eulogius Schneider, zum Tode Josephs II. voll Begeisterung: Er, Joseph, kämpfte für der Menschheit Recht, für Menschenwohl, für Gleichheit und Vernunft...!

Skeptischer urteilte schon der damalige Freiburger Regierungspräsident von Posch: „Allein in allen, so auch in jetzigen aufgeklärt sein sollenden Zeiten, verdirbt Stolz alles." Ein Kirchenhistoriker - Philipp Jakob v. Huth - formulierte in einem „Versuch einer Kirchengeschichte des 18. Jahrhunderts", die 1807 erschien: „Nur die Nachwelt wird entscheiden, ob das gerühmte Jahrhundert die Benennung eines ganz aufgeklärten und in Hinsicht auf die Geisteskultur goldenen Zeitalters so ganz unbedingt verdient habe ..." und weiter: „Möchten doch einst unsere Nachkömmlinge von dieser Aufklärung günstiger urteilen, als wir Gleichzeitigen davon urteilen müssen."

War das 18. Jahrhundert das Saeculum der Aufklärung, dann war sie im Sinne einer Epoche mit der Französischen Revolution zu Ende. Anders ausgedrückt: Sie mündete (zwangsläufig vielleicht?) in die Revolution, die alle Verhältnisse umstürzte oder zumindest ihren Umsturz eingeleitet hat, und zwar auf welthistorisch irreversible Weise. Nach der Revolution war jedenfalls nichts mehr einfach so wie zuvor, weder denkbar, noch machbar wie zuvor. Auch hier im Breisgau war es zu Ende mit der „behaglichen Anarchie"! Es brach die Zeit des Verfassungsstaates, der Demokratie an, unsere Zeit, in der die Gesellschaft sich nicht mehr nach Geburt und Herkunft ihrer Familien gliedern ließ, sondern - wie es die Aufklärer wollten und rational begründeten - nach Leistung, Vernunft, Zweckmäßigkeit - und Erfolg.

Ich wehre mich indes immer etwas dagegen, die Aufklärung so hinter dem Schatten der Revolution zurücktreten zu lassen. Sie ist eben mehr als nur die geistige Vorgeschichte oder Hinführung zur Revolution. Möglicherweise war die Französiche Revolution nur eine Kulminationshöhe im Prozeß der Aufklärung, ein Schritt der Menschheit auf ihrem Weg in die Aufklärung. Dann wäre zu prüfen, ob die Menschen, zumindest die in Europa, in der Folge auf diesem Weg weitergegangen sind und wohin sie inzwischen gelangt sind. Zu fragen wäre, wohin dieser Weg überhaupt führt und ob es der rechte Weg ist oder ob er ins Verhängnis führt.

Engt man den Blickwinkel auf unsere Region und den deutschen Südwesten ein, dann geht die Aufklärung jedenfalls im frühen 19. Jahrhundert - bis in den Vormärz - weiter. Wenn man das so sagen darf: „die Aufklärung geht weiter"! Das ist m. E. auch damit zu erklären, daß hierzulande die geistige und gesellschaftliche Revolution bereits vor 1789 eingesetzt hatte und nur noch durch die territoriale Revolution mit der Gründung des Großherzogtums Baden vollendet wurde. Im Rahmen dieses neuen Gemeinwesens hat, so sehe ich dies, die Aufklärung als treibende Kraft weiterhin bis in den Vormärz den Gang der Geschichte oder die Entwicklung der Verhältnisse bestimmt und zwar als „angewandte Aufklärung".

2. Angewandte Aufklärung in Freiburg als Frühliberalismus

Gewiß sollte man erst einmal die Rahmenbedingungen aufzeigen, unter denen sich aufgeklärtes Denken hierzulande im 1. Drittel des 19. Jahrhunderts artikulieren ließ. Beschränken wir uns dabei auf die Philosophie und die Politik, dann zeigt sich folgendes:

Im Unterschied zur Philosophie des 18. Jahrhunderts ist diejenige des frühen 19. viel mehr durch Gegensätze und Widersprüche gekennzeichnet: hier Hegel - dort Schelling, hier Fichte, dort Schopenhauer: Rationalismus versus Voluntarismus, Staatsphilosophie versus Naturphilosophie, schließlich: Idealismus versus Materialismus. Man assoziiert vielleicht auch Klassik versus Romantik, aber das kann in die Irre führen. Johann Wolfgang von Goethe ist in gewisser Weise die Klammer, die alles umspannt: Aufklärung in ihrer konsequentesten und hellsten Form einerseits - und romantische Emotionalität bis zur Naturseligkeit und Traumhingabe. Sein Leben umfaßt genau die ganze Epoche, in der ich Aufklärung als Triebkraft der Geschichte begreife, jedenfalls in dieser Region: 1749 bis 1832!

Für die Politik ist die gleiche zwiespältige Erscheinung zu beobachten wie in der Philosophie: rationale Verfassungsstaaten einerseits - Restauration der Monarchie andererseits. Hier Politik als nüchterne Abwägung der Interessen und dort die romantische Heilige Allianz.

An drei Bereichen möchte ich die „angewandte Aufklärung" im Vormärz hier im Breisgau verdeutlichen: an der Schule, an der Kirche und an der öffentlichen Meinung.

Es ist oft gesagt und geschrieben worden, die schönste Frucht der Aufklärung sei die Schule. Sie ist in der modernen Form als allgemeinbildende und allgemein verpflichtende Einrichtung in der Tat eine Hervorbringung der Aufklärung. Hier im Südwesten ist sie von dem dezidierten Aufklärer Karl Friedrich in Baden und der ebenso aufgeklärten Kaiserin Maria Theresia in Vorderösterreich etabliert worden. Mit dem Übergang an Baden ist das Schulwesen vereinheitlicht und straffer organisiert worden. Die Normalschule wurde mit der städtischen Trivialschule zur Allgemeinen Knabenschule zusammengelegt. Die Bezeichnung Volksschule hat sich erst um die Mitte des Jahrhunderts durchgesetzt. Für die Mädchen blieben die beiden Klosterschulen erhalten; zwar hat der badische Staat die Orden aufgehoben und säkularisiert, aber Schulschwestern konnten ihre Institution als „Lehr- und Erziehungsinstitute" weiter betreiben. Damit blieb der Stadt hier die Errichtung einer eigenen Mädchenschule erspart. Im entsprechenden Regulativ für die Lehr- und Erziehungsinstitute - Adelhausen und St. Ursula - hieß es ausdrücklich: „Die Vorsteherin soll immer aufgeklärt (und im Schulfache geübt) sein." Das war die Leiterin von St. Ursula sehr wohl, Caroline Kaspar, die über 50 Jahre lang Vorsteherin war.

Und im Gymnasium? Dort gab es natürlich keine Mädchen. Das Gymnasium wurde nun großherzogliche Staatsanstalt, diente aber weiterhin der Vorbereitung auf das Hochschulstudium. An den Hochschulen selbst konnten Mädchen nicht studieren, also hatte es auch keinen Sinn, sie zum Abitur zuzulassen. So männlich orientiert war im übrigen die Aufklärung nicht nur in diesem Punkt.

Was aber kennzeichnet(e) die Schule als eine Sache der Aufklärung? Erinnern wir uns: Der Prozeß der Aufklärung ließ sich charakterisieren als fortschreitende Herrschaft des Denkens über das oder den Glauben, der Vernunft über das

Handeln, der Ver-Weltlichung und Ver-Staatlichung der öffentlichen Belange. Auf die Schule bezogen: Bildung sollte vernunftorientiert sein, auf die Bedürfnisse der künftigen Erwachsenen ausgerichtet, Zug um Zug befreit von der geistlichen Bevormundung. Genau dies wollten die Verfechter des Frühliberalismus erkämpfen. So setzten sie sich ein für die Emanzipation der Schule von der Kirche. Dies wird ein Jahrhundert lang der Kern der äußeren Schulreform bleiben: die Überwindung der geistlichen Schulaufsicht, an deren Stelle fachlich qualifizierte Schulräte treten sollten. Hinzu kam die innere Schulreform, die mit dem Programm Pestalozzis eng zusammenhängt. Die Leiter der neuen badischen Lehrerseminare haben jeweils bei Pestalozzi studiert. Und der langjährige Leiter des Freiburger Gymnasiums, der Stadtgeschichtsschreiber Heinrich Schreiber, stand mit Pestalozzi im Briefwechsel. Auch hat er Pestalozzi Anregungen für einen modernen, schülerorientierten Unterricht gegeben, die Pestalozzi dankbar aufgegriffen hat.

Für die Kirche, die katholische Kirche hier in Freiburg, hat Ignaz von Wessenberg - der Konstanzer Generalvikar und Bistumsverweser bis zur Gründung des Erzbistums Freiburg im Jahr 1827 - den aufgeklärten Geist dem Klerus und dem Kirchenvolk zu vermitteln versucht. Die Theologische Fakultät der Freiburger Universität, wo nun alle Geistlichen ausgebildet wurden, galt bis in die 1830er Jahr als Bollwerk der Spätaufklärung. Dies hat Franz Schnabel mit Nachdruck hervorgehoben. In der Tat lehrten hier Professoren wie Heinrich Schreiber oder ReichlinMeldegg, die sich offen und dezidiert zu einem rational begründeten Christentum bekannten. Sie kritisierten und bekämpften z. B. den Zölibat. Sie traten mit Wessenberg für eine auf Einsicht in den Glauben ausgerichtete Seelsorge ein und gegen bloße Rituale. Beide sind später aus der katholischen Kirche ausgeschieden. Sicherlich war ein Großteil des Diözesanklerus hierzulande im Vormärz kritischer, fortschrittlicher als anderswo in Deutschland und eigenständig im Denken. Dies wurde auch dadurch erleichtert, daß die beiden Erzbischöfe (Boll und Demeter) sich nicht als starke Persönlichkeiten erwiesen und ihre Kraft ohnehin im Kampf gegen das Staatskirchentum der Karlsruher Regierung verbrauchten.

Die größte Bedeutung gewann die angewandte Aufklärung hier im Südwesten zur Zeit des Vormärz im politischen Frühliberalismus. Freiburg wurde damals zum Fokus und Zentrum der politischen Ideenentwicklung für ganz Deutschland, insbesondere mit Karl von Rotteck und Karl Theodor Welcker. Für sie war wiederum die Freiheit der öffentlichen Meinung oder die öffentliche Freiheit der Meinung bzw. die Freiheit der veröffentlichten Meinung der Schlüssel für die Verwirklichung von Freiheit überhaupt. Alles drehte sich letztlich um die „Preßfreiheit". So ist es gewiß aufschlußreich, sich ein Bild vom besonderen Charakter der Aufklärung hierzulande in der Zeit bis zum Vormärz anhand der Zeitung zu machen, die diese Preßfreiheit am konsequentesten verkörpert hat: der Freiburger Tageszeitung „Der Freisinnige", herausgegeben von einer „Actien-Gesellschaft", hinter der Karl von Rotteck und Karl Theodor Welcker standen. Sie erschien bei Friedrich Wagner in Freiburg täglich (auch sonntags) im Umfang von 4 bis 6 Seiten (etwa mit heutigem Zeitungsformat). Friedrich Wagner firmierte zugleich als verantwortlicher Redakteur. Die Zeitung erschien nur ein halbes Jahr lang im Jahre 1832, das als erster Höhepunkt liberaler Machtentfaltung gilt. Damals hatten die Liberalen im badischen Landtag - in der Folge der Pariser Julirevolution - einen enormen Reformschub bewirkt, die Zehnten und Fronden abgeschafft, ein neues Gemeindebürgerrecht geschaffen, die Zensur aufgehoben, sich für eine Weiterentwicklung Deutschlands zur nationalen Einheit und bürgerlichen Freiheit bekannt. Ähnliche Forderungen kennen wir vom Hambacher Fest im Mai 1832. Das ,,badische Hambach" fand dann Pfingsten 1832 in Badenweiler statt. ,,Der Freisinnige" berichtete ausführlich darüber, und Rotteck druckte darin seine berühmt gewordene Rede ab, aus der ich zitiere: ,,Ich bin für Deutschlands Einheit ... als die Freiheit des Verkehrs und Handels, der Niederlassung und zumal auch des freien Wortes in allen Ländern deutscher Zunge, d.h. der freien deutschen Presse. - ,,Aber ich will keine Einheit, welche uns in Gefahr setze, auch außen etwa in einen Kriegszug gegen die uns natürlich Verbündeten ... entgegen geschleppt zu werden oder welche in einheimischen Dingen uns nötigte, uns ... mit dem Maaße der Freiheit und Vernunftmäßigkeit zu begnügen, das etwa für Pommern und Oestreich taugt. Ich will die Einheit nicht anders als mit Freiheit, und will lieber Freiheit ohne Einheit als Einheit ohne Freiheit ... Ich will keine Einheit unter den Flügeln des preußischen oder österreichischen Adlers (allgemeiner Beifall), und ich will auch keine unter der Form einer allgemeinen deutschen Republik (abermaliger Beifall) ..." Rotteck will vielmehr eine Einheit der Gesinnung, der Richtung und - wenn die geeignete Stunde schlägt - auch der Tat.

,,Daher rufe ich: 'Es lebe die mit der Einheit Deutschlands im angegebenen Sinne verbundene Selbständigkeit, die Souveränität des Staates Baden! (Ein lange anhaltendes, schallendes Hoch erfüllte hier den Saal)."

In Karlsruhe brachte ein Vertreter Badenweilers in einer Versammlung der Abgeordneten des Landtags ein Hoch aus mit den Worten: ,,Heute ist uns Allen Heil widerfahren! Die Männer des Volks, die muthigen, tapferen Streiter für der Menschheit heilige Rechte, die unerschrockenen Redner, wo es gilt für Freiheit und Vaterland, sind in unserer Mitte, und ihnen werde ein Lebehoch gebracht, daß es laut schalle dort durch die Ruinen der alten Zwingburg. O möchten unsere Vorväter hören den Ruf einer beglückten Generation: Rein und frei ist unser Boden! Ausgetilgt der letzte Funken der Leibeigenschaft durch Fronfreiheit, Zehntfreiheit, Preßfreiheit! Hoch leben Welcker, Rotteck, Duttlinger! Hoch alle mit ihnen gleichgesinnten Repräsentanten des badischen Volkes!"

Zu diesem Zeitpunkt, im Juni 1832, wehte dem frühliberalen Begeisterungssturm jedoch bereits ein scharfer Gegenwind entgegen. Die Reaktion brach über die Liberalen herein, gerade auch in Baden. Rotteck und Welcker wurden von der Universität ausgeschlossen, der ,,Freisinnige" verboten, der Bundestag setzte das badische Pressegesetz außer Kraft. Liberale Beamte wurden strafversetzt.

Rotteck und Welcker wurden zwangspensioniert. Ein allgemeines Klima der Einschüchterung machte sich breit.

Zwar wurde Rotteck bald darauf zum Oberbürgermeister der Stadt gewählt, doch die Regierung erklärte die Wahl für ungültig. So wählten die Freiburger den Neffen des Professors, Joseph von Rotteck. Im Land folgten 10 Jahre gemäßigte Reaktion. Der Liberalismus als die eigentliche politische Frucht der Aufklärung war damit nicht zum Verstummen gebracht. Im Gegenteil: 1842 und schärfer noch 1846, vor allem aber dann 1848 brach er sich erneut Bahn, auf revolutionäre Weise und als breite, umfassende Volksbewegung. Diesmal kamen die Wortführer nicht mehr aus Freiburg, sondern aus Mannheim: Friedrich Hecker und Gustav Struve. Damit begann ein neues Kapitel der angewandten Aufklärung, zugleich aber auch ihre Transformation. Anstelle der Forderung nach absoluter Freiheit des Individuums trat - zaghaft zuerst, aber mit unaufhörlich wachsender Kraft - die Forderung nach sozialer Freiheit, nach Befreiung der abhängigen Klassen. Dem ,,Idealismus" der Aufklärer trat der ,,Materialismus der Sozialrevolutionäre entgegen. Das Bewußtsein, so lautete ihr Programm, kann nur frei werden, wenn die (sozio-ökonomischen) Verhältnisse umgestürzt werden.

Man fragt sich natürlich spätestens im Blick auf diese neue Qualität des aufgeklärten Denkens nach der Resonanz, nach dem Publikum der Aufklärer. Dies ist freilich wenig erforscht. Welche Leser hatte der ,,Freymüthige"? Die Auflage war klein, aber die Zeitschrift wurde in Pfarrhäusern und von Lehrern sowie vom Bürgertum der Städte gelesen und dann auch inhaltlich weitergegeben. Die Lesegesellschaften (in Freiburg ,,Museumsgesellschaft" genannt) waren Umschlagsplätze aufgeklärten Denkens. Die Schulpflicht und die volle Alphabetisierung der Bevölkerung innerhalb weniger Jahrzehnte hat die Deutschen, wie Thomas Nipperdey einmal formulierte, damals zu einem ,,Volk der Leser gemacht. Bei der Zeitung ,,Der Freisinnige" kann man die Wirkung daran ablesen, daß Rotteck und Welcker vom badischen Volk bis ins letzte Dorf als politische Helden verehrt wurden. Anders war es dann mit den weitergehenden Positionen, wie sie Hecker und Struve vertraten.

Mit der Anwendung der Aufklärung in der Revolution von 1848/49 wäre freilich ein neuer Abschnitt in der Geschichte der Stadt und Region aufzuschlagen. Es würde von radikaleren Konflikten handeln, als wir sie bei der katholischen Spätaufklärung sowie der angewandten Aufklärung im Vormärz kennen gelernt haben. So viel steht allerdings fest: Sie sind nicht zu verstehen und zu erklären ohne ihren Zusammenhang mit der Epoche der Aufklärung in der Zeit des späten 18. und frühen 19. Jahrhunderts.

Literatur

Habermas, Jürgen (1979) Strukturwandel der Öffentlichkeit. 10. Aufl. Darmstadt und Neuwied, Luchterhand

Horkheimer, Max und Theodor W. Adorno (1971) Dialektik der Aufklärung. Philosophische Fragmente. Frankfurt a.M., Fischer

Möller, Horst (1986) Vernunft und Kritik. Deutsche Aufklärung 17. und 18. Jahrhundert. Frankfurt a.M., Suhrkamp. (Neue historische Bibliothek)

Schalk, Fritz (1964) Die europäische Aufklärung. In: Golo Mann, Alfred Heuß u.a. (Hrsg.) Propyläen Weltgeschichte. Band 7. Von der Reformation zur Revolution. Berlin, Propyläen, S. 467ff.

Schmidt, Jochen (Hrsg.) (1989) Aufklärung und Gegenaufklärung. Darmstadt, Wissenschaftliche Buchgesellschaft

Stuke, Horst (1974) Aufklärung. In: Otto Brunner, Werner Conze und Reinhart Kosellek (Hrsg.) Geschichtliche Grundbegriffe, Band 1. Stuttgart, Klett, S. 243 342

Valjavec, Fritz (1961) Geschichte der abendländischen Aufklärung. Wien, München, Herold

Wehler, Hans-Ulrich (1987) Deutsche Gesellschaftsgeschichte. Bd. 1: 1700 1815. Vom Feudalismus des Alten Reiches bis zur Defensiven Modernisierung der Reformära. München, Beck

Hermann J. Forneck
Allgemeine Bildung unter Bedingungen radikaler Pluralität

Walter Benjamins Exposé „Paris, die Hauptstadt des XIX. Jahrhunderts", in dem die Grundzüge des nie geschriebenen Passagenwerks skizziert werden, beginnt mit der Thematisierung der zu Beginn des 19. Jahrhunderts entstehenden Einkaufspassagen: „Die magasins de nouveautés, die ersten Etablissements, die größere Warenlager im Hause unterhalten, beginnen sich zu zeigen." (Benjamin 1983, S. 45) Das Thema von Benjamins Passagenwerk sollte das Zeitalter des kapitalistischen, rationalisierten Warenverkehrs sein, der sich zum ersten Mal in den zur Schau gestellten Waren der Passagenschaufenster zeigte. Die Rationalität der Moderne verkörperte sich für Benjamin im 19. Jahrhundert in rational organisierter Warenproduktion und -distribution.

Ein halbes Jahrhundert später werden mit dem von Lyotard in die humanwissenschaftliche Diskussion eingebrachten Begriff der 'Postmoderne'- jedenfalls dort, wo das Niveau der 'condition postmoderne' aufgenommen wird - die Folgen moderner Rationalität thematisiert und deren Ende angezeigt. Es ist die verbindende These dieser Diskussion, daß die moderne Rationalität ihren Charakter gezeigt und selbst die 'kopernikanische Wende' eingeläutet habe: Entschiedene Abkehr von dem Einen der Vernunft. Die jüngste erkenntniskritische Auseinandersetzung ist also kein „Widerspiel von Aufklärung und Gegenaufklärung" (Jahnke, in diesem Band S. 7), sondern der Versuch, den in der modernen Rationalität eingelagerten Widerstreit selbst aufzuzeigen, nachdem er sich in den vielfältigsten, humanen wie inhumanen Ereignissen gezeigt hat.

Wenn aber nun die mannigfaltige Wirklichkeit nicht mehr an eine wie auch immer zu denkende Einheit zurückgebunden oder diese nur um den Preis gewaltsamer Universalisierung hergestellt werden kann, dann gerät auch das moderne Projekt des 'Ausgangs des Menschen aus seiner selbstverschuldeten Unmündigkeit' durch Bildung in eine Legitimationskrise, da die Bildung des Menschen qua Rationalität nicht mehr als einheitliches Emanzipations - und Humanisierungsprojekt zu denken ist.

Der erkenntnistheoretischen Situation der Moderne korrespondiert eine gesellschaftliche. Mit der Pluralisierung von Wissens - zeigt sich auch eine von Lebensformen. Unter einer bildungstheoretischen Perspektive, wie sie im folgenden eingenommen werden soll, müssen erkenntnistheoretische und gesellschaftliche Problemlinien aufeinander bezogen werden: Folgt man der sozialwissenschaftlichen Diskussion um Individualisierung, Pluralisierung und Entstrukturierung der kulturellen und sozialen Wirklichkeit fortgeschrittener Industriegesellschaften, so sind diese in einem grundlegenden Transformationsprozeß begriffen, der die gesellschaftlichen und kulturellen Grundlagen, auf denen das moderne Bildungsprojekt basierte, auflöst. Die Selbstvergewisserung, die sich gegenwärtig um die Begriffe Aufklärung, Moderne und Postmoderne vollzieht, hat also für die Pädagogik entscheidende bildungstheoretische und -praktische Konsequenzen.

1. Auflösung bildungstheoretischer Gewißheiten

a) Die Verflüchtigung der Klientel

Es ist die diagnostizierte Vielfalt der Jugendkulturen, die den „generalisierten Spurrillen moderner Rationalitätsstrukturen" (Nieß 1985, S. 18) nicht mehr folgt und jenseits der Rationalität neue Sinndimensionen eröffnet, die seit einiger Zeit die Sozialisationsforschung und die bildungstheoretische Diskussion beschäftigen. Baacke konstatiert in der Pluralisierung jugendlicher Milieus gar die Abkehr der heranwachsenden Generationen von einem gemeinsamen Projekt der Moderne (Baacke 1985) und die Verflüchtigung jeden gesellschaftlichen normativen Zusammenhangs, der sich psychisch als Identitätszwang geltend mache. Angesichts dieses fundamentalen Wandels konstatiert er eine 'Biederkeit der Pädagogen' und empfiehlt der Zunft in ihre Disziplin mehr Beweglichkeit, Ironie und eine a-teleologische Haltung einzubringen. Pädagogik selbst ist unzeitgemäß. Nicht ihre Klientel muß sich ändern, sondern sie selbst. Erst so ist eine „Befreiung aus dem pädagogischen Verhältnis möglich" (Baacke 1985, S. 212).

Auch die Arbeiten von Kupffer und Liebau kommen zu diesem Resultat. Für Ersteren fällt die Pädagogik hinter das gesellschaftliche Bewußtsein und Sein zurück (Kupffer 1990). Familiäre Sozialisation, Sozialisation in und durch Medien und postkonventionelle, radikal pluralisierte Sinnorientierungen haben dazu geführt, daß die Pädagogik ihren Wirklichkeitsbezug verloren hat. Sie selbst ist aus prinzipiellen Erwägungen nicht (mehr) imstande, eine für die heranwachsenden Generationen verbindliche Einheitsperspektive zu entwickeln.

Liebau geht von der zunehmenden Ästhetisierung und Pluralisierung jugendlicher und erwachsener Lebensstile aus. Was der Pädagogik angesichts dieser Situation bleibe, sei „zur Kultivierung ihres konkreten (weil radikal pluralisierten - HJF) Lebens beizutragen und dabei den eigenen normativen Kulturbegriff immer neu mit den vorfindbaren ethnographischen und an der Alltagskultur orientierten Kulturbegriffen zu vermitteln" (Liebau 1992, S. 168).

Wenn sich aber nachfolgende Generationen auf das Projekt der Moderne mit seinem Anspruch auf Identitätsarbeit zum Zweck der Emanzipation nicht mehr einlassen (sollen/wollen), dann wird auch eine Bildungspraxis obsolet, die einen spezifischen Beitrag zur Herausbildung dieser Identität leisten soll. Baacke und Kupffer übergehen diesen Zusammenhang, indem sie der Pädagogik eine Anpassung verordnen, ohne zu reflektieren, daß sie wie ein ‚Sandkorn im Meer' verschwindet, wenn sich das Projekt verflüchtigt, dem sie sich verdankt. Liebau hingegen bleibt mit seiner Auffassung, einerseits einen grundlegenden Sozialisationswandel zu konstatieren, der die normativen Ansprüche einer Hochkultur obsolet werden lasse und andererseits mit dem Vermittlungsauftrag an die Pädagogik eben an jener Hochkultur und ihrer besonderen Stellung festzuhalten, widersprüchlich.

b) Pluralisierung von Wissensformen und die Verflüchtigung des Allgemeinen von Bildung
Wenn Erziehung zur Emanzipation keine rational ableitbare Zielsetzung mehr sein kann, weil es die 'großen Erzählungen'(Lyotard) nicht mehr geben kann, was bleibt dann als Bildungsziel, bzw. als allgemeiner Referenzpunkt von Bildung? Die deutschsprachige Erziehungswissenschaft tut sich in einer Zeit, in der der Bildungsbegriff eine Renaissance erfährt, mit der poststrukturalistischen Konsequenz, daß eine Struktur kein Zentrum haben kann, äußerst schwer. Lenzen versucht im Rekurs auf Positionen des radikalen Konstruktivismus der Gefahr einer beliebig verfahrenden Pädagogik zu entgehen (Lenzen 1992). Dabei nimmt er die poststrukturalistische Positionen ernst und steht zu einem pädagogischen Zustand radikaler Vielfalt. Mollenhauer bezieht sich in einer nicht immer gradlinigen Argumentation auf den Leib und die Authentizität, als neue Referenzpunkte pädagogischen Denkens. ‚Leib' und ‚Authentizität' aber stehen im poststrukturalistischen Denken für das ‚Andere der Vernunft', also für eine Realität, in der gerade die große Erzählung von der Emanzipation qua Bildung in Frage gestellt wird (Mollenhauer 1987).

Die wohl radikalste Kritik am bildungstheoretischen Denken entsteht in der Tradition der Dialektik der Aufklärung von Adorno und Horkheimer. Diese kreist um die Frage, wie das Verhältnis von Freiheit und Herrschaft, welches der Rationalität innewohnt, zu bestimmen ist. Ihre pessimistische Antwort scheint die Auflösung dieser Dialektik zu sein. Rationalität wohnt Herrschaft inne seit ihrem Anbeginn. Damit ist jeder Bildungsprozeß, in dem Rationalität eine tragende Rolle einnimmt, ein Herrschaftsprozeß. Meders Diagnose stellt nun die kulturanthrophologische Variante der Dialektik der Aufklärung dar: In der automatisierten Informationsverarbeitung findet die Rationalisierung ihren Abschluß. Das Publikum ist erstaunt, merkt es doch, daß es damit seine Probleme nicht hat lösen können. ,,Die Geschichte ist zuende erzählt, der Held ist gefunden. Die Maschine ist das Subjekt als künstliche Intelligenz. Und wir stellen fest, daß die Geschichte, die wir von uns erzählen wollten, gar nicht von uns handelt. Wir kommen in ihr nicht vor. Sie berührt uns noch nicht einmal in den Problemen unseres Lebens" (Meder 1987, S. 22). Meder entwirft als Bildungsideal einen Sprachspieler, dessen Lebensziele die Variation, die Divergenz, Abbruch und neuer Einstieg in andere Sprachspiele sind. Das Allgemeine löst sich so in der Pluralität auf. Im Anschluß an solche Positionen hält Ruhloff denn auch das Ende des Allgemeinen der Pädagogik für gekommen (Ruhloff 1993). Jede Auflösung von Differentem im Allgemeinen - etwa vom Guten und Richtigen - ist für ihn Unrecht.

Damit aber steht auch das Bildungssystem als Ganzes (Allgemeines) in Frage. Flechsig vertritt eine Entmonopolisierung der Träger des Bildungssystems, eine Profilbildung von Bildungseinrichtungen und eine eigene Unternehmenskultur für Schulen (Flechsig 1992). Diese bildungspolitische Konsequenz ist nicht überraschend. Auch hier lassen sich Zusammenhänge zwischen erkenntniskritischen Entwicklungen und gesellschaftspolitischen Veränderungen aufweisen. Die aktuelle Diskussion um Schulautonomie ist weitgehend bewußtloser Reflex auf die angedeutete Problemlage

Die abseits von der bildungstheoretischen Diskussion entstehende sozialwissenschaftliche Semantik, die diesen Transformationsprozeß als Auflösung sozialer Milieus und als radikale Pluralisierung von Lebensstilen (Welsch) zu beschreiben versucht, macht auf einen für Bildungstheorie entscheidenden Tatbestand aufmerksam: Heydorns Kategorie der 2. Welt (Heydorn 1972, S. 37ff.), der kulturellen und historischen Botschaft des Bürgertums, die qua Bildung geschichtsmächtig werden sollte, ist an eine soziale Ordnung gebunden, in der diese kulturelle Botschaft von einer sozialen Schicht repräsentiert wurde, die sowohl den gesellschaftlichen als auch kulturellen Bezugspunkt für alle anderen Schichten darstellte. Diese historische Dominanz hat sich mit den Rissen, die das 'Projekt der Moderne' aufweist, verflüchtigt. Sennet hat jüngst in einer Analyse der us-amerikanischen 'Elite' nachweisen können, daß diese sich aus dem öffentlichen Raum verabschiedet hat. Es bleibt für diese Schicht kein Raum der gesellschaftlichen Gestaltung.[1] Das Charakteristische der augenblicklichen Situation scheint darin zu bestehen, daß keine gesellschaftliche Kraft absehbar ist, die Trägerin eines dominant werdenden Gegenentwurfs sein könnte, eines Entwurfs, der die Chance haben könnte, zum Fluchtpunkt einer gesellschaftlich relevanten Kraft zu werden.

Die Moderne verfügt nicht mehr über einen einheitlichen, 'hegemonialen' Lebensentwurf, der mit einer geschichtlichen Zukunftsperspektive verbunden ist und mit einer diese tragenden sozialen Schicht.

Treffen diese angedeuteten Problemlinien zu, so verflüchtigt sich auch das, was wir allgemeine Bildung nennen. Denn entgegen idealistischer Programmatik ist daran zu erinnern, daß Bildung immer an ihre gesellschaftliche und kulturelle Grundlage gebunden bleibt. Ohne den zur historischen Geltung gekommenen Emanzipationsanspruch des Bürgertums hätte es eine allgemeine Bildung nicht gegeben. Dieser Zusammenhang zwischen 'Kultur und Bildung' wird in der sozialwissenschaftlichen Analyse Bollenbecks sehr deutlich.[2] Augenblicklich, mit der realen Erschöpfung der bildungstheoretischen Emanzipationssemantik haben Restituierungsversuche und kreative Auswege Konjunktur. Der gesellschaftliche Transformationsprozeß läßt Bildungswesen und soziale Wirklichkeit auseinandertreten. All jene, die reformpädagogisch das Veralten des Bildungswesen konstatieren und an dessen Stelle eine 'neue Lernkultur', Autonomie von

Schulen und ähnliches, etablieren wollen, führen ihre Diskussionen bewußtlos, weil sie den gesellschaftlichen Transformationsprozeß, dem sie die Rezeption ihrer Ideen verdanken, nicht reflektieren. So vermischen sich Autonomiepostulate gegen die staatliche Schule mit Privatisierungs- und Rationalisierungsansprüchen. Das so entstehende Amalgam aber könnte reaktionär werden.[3]

Wechselt man von der Ebene des geschichtsphilosophischen Diskurses auf die Ebene erziehungswissenschaftlicher Theoriebildung, so wird eine entscheidende Voraussetzung des bildungstheoretischen Diskurses deutlich: Ohne die geschichtliche Dominanz des bürgerlichen Entwurfs von Emanzipation entfällt auch das, was Bildungstheorie als Konsens einte. Sie zerfällt einerseits in eine Vielzahl von Bildungserzählungen und andererseits kann sie keine Ansatzpunkte für ihre Emanzipationsansprüche in der gesellschaftlichen Wirklichkeit mehr festmachen. Der bewußtlose reformpädagogische Diskurs wirft ihr Wirklichkeitsferne vor und versucht diese zu überspringen, indem er objektiv zum Erfüllungsgehilfen wird für gesellschaftliche Entwicklungen, die sich auch - gemessen am bürgerlichen Emanzipationsprojekt - als Rückschritt herausstellen könnten.

Allgemeinbildung setzt einen Konsens über die Bildungsinhalte voraus, mit und an denen alle jungen Menschen sich die Welt aneignen. Die Abarbeitung dieses 'Kanons' (s. zum Allgemeinbildungsbegriff Forneck 1997) soll die subjektiven Voraussetzung bei den Gesellschaftsmitgliedern schaffen, um sich miteinander über wesentliche Fragen des Gemeinwesens zu verständigen. Allgemeinbildung ist eine für alle gleichermaßen geltende Zumutung einer kulturell geteilten Emanzipationsvorstellung, die die Gesellschaft gegenüber ihren Mitgliedern durchsetzt. Die Vorschläge von Flechsig und vieler gegenwärtiger ‚Reformpädagogen' jedoch haben Verschiedenheit zum Ziel. Dahinter wiederum verbirgt sich eine grundlegende Veränderung des Freiheitsbegriffs. Dieser wird nicht mehr als Vermögen der Person gedacht, qua Aneignung einer kulturellen Identität sich selbst zu gestalten und diese vorgefundene Wirklichkeit weiterzuentwickeln. Freiheit wird vielmehr als Wahlmöglichkeit begriffen. Sie ist nicht mehr ein Vermögen das durch die sich bildende Person in dieser allererst hervorgebracht werden muss. Der dem bildungstheoretischen Denken noch zugrundeliegende Freiheitsbegriff wird abgelöst durch eine Freiheitsvorstellung, nach der Lernende dann frei werden, wenn sie zwischen verschiedensten Angeboten (Inhalten, Schultypen, Lehrpersonen, Schulen mit besonderem Profil, Lernwegen, Lernformen) wählen können. Nun hat die reformpädagogische Programmatik gerade dies immer wieder propagiert. In der ‚Pädagogik vom Kinde aus', in ihren Individualisierungskonzepten hat sie so der radikalen Pluralisierung das Wort geredet, ohne dies theoretisch zu reflektieren.[4] Dadurch wird die Pädagogik als Disziplin nun selbst radikal heteronom, sie läßt sich auf ein Allgemeines nicht mehr beziehen.

c) Simulation und die Verflüchtigung der Pädagogik als Praxiswissenschaft
Für eine handlungsorientierte Wissenschaft wie die Pädagogik stellt das Theorie-Praxis-Verhältnis den zentralen Fluchtpunkt dar. Mit der Rezeption des Poststrukturalismus wird nun dieser Fluchtpunkt obsolet. Es ist Lenzen, der diesen Zusammenhang in die erziehungswissenschaftliche Diskussion einbringt: „Die ... Metaerzählungen von der technischen Beherrschung der Natur, von der Orientierung der Soziabilität durch Wissenschaft und von der Emanzipation der Gattung wie des einzelnen haben an Zustimmungsfähigkeit verloren. Dieser Verlust äußert sich in Krisenmomenten insbesondere der handlungsorientierten Wissenschaften" (Lenzen 1992, S. 77). Daraus folgt auch eine Krise der Theorie: Wir gehen in der Erziehungswissenschaft, so Lenzen, davon aus, „daß es einen nicht irritierbaren referentiellen Zusammenhang zwischen dem Reden über eine Sache (Theorie) und der Sache selbst (Praxis) gibt. Genauer: Es wird so getan, als gäbe es eine Wirklichkeit, eine Erziehungswirklichkeit, die einerseits mit wissenschaftlichen Methoden erforscht und beschrieben und andererseits umgekehrt aufgrund so gewonnener Erkenntnisse von außen beeinflußt werden könnte" (Lenzen 1992, S. 80). Nach der ‚postmodernen Provokation' aber sei diese Unterstellung nicht mehr haltbar. Die Provokation bestehe, so Lenzen in der Frage: „Könnte es sein, daß dieser Typus von Metatheorie (gemeint ist die Allgemeine Pädagogik HJF) gar nicht mehr versuchte, sich auf erzieherische Wirklichkeit zu beziehen, sondern nur noch in sich selbst kreiste?" (Lenzen 1992, S. 80). Diese Frage, die Lenzen nicht als eine empirische sondern als eine systematische stellt, ist nur durch einen Exkurs zur Bedeutungstheorie der Zeichen nachvollziehbar.

Exkurs: Bedeutungstheorie der Zeichen
Saussure, der Begründer des Strukturalismus, geht davon aus, daß ein Zeichen keine natürliche Beziehung zwischen Laut (Signifikant) und Idee bzw. seiner Bedeutung (Signifikat) aufweist. Wir könnten den Baum auch als Taum oder Mat oder wie immer bezeichnen. Das sprachliche Zeichen weist also keine materiellen, substantiellen, angeborenerweise sinnbesetzte Eigenschaften auf. Es gibt nichts in den Klangeigenschaften des sprachlichen Zeichens, das auf seine Bedeutung verweist. Wenn wir ein Zeichen erkennen, ist dies ein Vorgang in dem wir eine Schall-Figur in den Rang eines Zeichens erheben. Das Verhältnis von Zeichen und Wirklichkeit ist somit willkürlich.

Saussure weist weiter die Vorstellung von sich, daß Wörter Benennungen von Ideen oder Sachen sind. Vielmehr ist die Begriffsbildung ein rein synthetischer Akt. Dieser Akt distinguiert zugleich den Gedanken und den Laut. Humboldt nennt diesen synthetisierenden Akt Artikulation, wörtlich übersetzt Gliederung. Saussure schreibt im cours: „Jeder linguistische Term ist ein kleines Mitglied, ein artikulus oder eine Idee, die sich im Laut fixiert und in der der Laut zum Zeichen einer Idee wird" (Saussure 1967, S. 156).

Ein Zeichen als dieses und nicht als jenes erkennen, heißt, es von allen anderen Zeichen zu unterscheiden. Dies ist die grundlegende Idee des Strukturalismus der Bestimmung durch Entgegensetzung. Saussures radikale Formulierung dieses Sachverhalts lautet: In der Sprache gibt es „nur Verschiedenheiten ohne positive Einzelglieder" (Saussure 1967, S. 143).

Ein System reiner Unterscheidungen, die Struktur, die an sich nichts Substantielles hat, wird im Strukturalismus zur Ursache eines Sinnlichen. Dies markiert den Bruch des Strukturalismus mit der abendländischen Metaphysik der Moderne. Die sinnliche Welt, la parole ist nicht mehr ein Spiegelbild, eine Äußerungsweise der übersinnlichen Welt. Die Wirklichkeit ist nicht die sinnliche Repräsentation eines an sich nicht Sinnlichen: der Welt der Ideen, der Axiome, der Formeln, Begriffe und Gesetze. Das Wort ist nach Saussure nicht eine Abbildung der psychischen und gedanklichen Prozesse des Subjekts. Es existiert also nach Saussure nicht zuerst ein gedanklicher Zustand des Subjekts, der dann seinen Ausdruck in Symbolen findet, sondern die unsinnige Welt der Gedanken konstituiert sich als Resultat von Unterscheidungen und Verbindungen im Bereich des Sinnlich-Phonischen.

La langue, also das Ordnungsprinzip einer Sprache, das später Struktur genannt wird, ist selbst nicht wie die parole materiell, ist nicht der Zeit unterworfen und ist von ihrem Seins-Status reine Möglichkeit. Allerdings verheißt der Strukturalismus noch, die Struktur der Unterscheidungen zu erkennen.

Dagegen nun wirft der Poststrukturalismus den Begriff des Unkontrollierbaren in die Debatte und dies ist seit Heidegger ein schwergewichtiger Einwand. Heidegger hatte die Geschichte der Metaphysik als eine Geschichte einer zunehmenden Selbstermächtigung von Subjektivität, die im Weltbemächtigungswillen der heutigen Technik, des Gestells, wie dies bei Heidegger heißt, kumuliert. Die Verheißungen des Strukturalismus, universelle Regularien herauszufinden und damit die Welt beherrschbar zu machen, reiht sich nach Auffassung des Poststrukturalismus in die abendländische Theoriegeschichte ein: Natur theoretisch verfügbar zu machen.

Der Poststrukturalismus führt seinen Angriff also auf die condition moderne indem er den Begriff der Beherrschbarkeit und der in sich geschlossenen Struktur verabschiedet, was für die Pädagogik nun entscheidende Implikationen hat. Zwar zielte die poststrukturalistische Kritik am Strukturalismus gegen die versteckte Vorstellung von der Naturbeherrschung, impliziert allerdings eine Kritik an jedwedem einheitlichen Fluchtpunkt der Gewißheit. Weder vermag eine Wissenschaft einen Gegenstand in seiner überdauernden Struktur zu erfassen, noch durch einen einheitlichen Referenzpunkt zu einen. An diese Positionen des Poststrukturalismus fügt Lenzen einen zweifachen, miteinander verknüpften Gedanken an: 1. Das Theorie-Praxis-Verhältnis ist klassisch (kantianisch) nicht mehr denkbar. 2. Dieser theoretische Befund ist durch die Wirklichkeit eingeholt worden: In der erziehungswissenschaftlichen Ausbildung habe sich das für die Pädagogik konstitutive Theorie-Praxis-Verhältnis verkehrt. Sei Praxis vormals ein durch die Pädagogik zu veränderndes gewesen, so werde Praxis nun zum Mythos, der die Heterogenität wissenschaftlichen Wissens vortheoretisch eine, korrigiere. Statt die kritische Differenz von Theorie und Praxis aufrechtzuerhalten, implodiere diese. Aus dieser pädagogischen condition postmoderne sieht Lenzen nur einen Ausweg, wenn die Pädagogik ihren Theorieanspruch aufgebe und zu narrativen Sprachspielen zurückkehre (Lenzen 1984, S. 47ff.). Pädagogik als eine Disziplin, die mit dem legitimierbaren Anspruch auftritt, Praxis zu gestalten, verflüchtige sich.

2. Bildung als Diskurs

Wenn sich die heranwachsenden Generationen an divergenten, ästhetisierten Lebensentwürfen orientieren, wenn weiter das Allgemeine von Bildung nicht mehr material als Lebensentwurf bestimmbar ist, Pädagogik nicht mehr anzugeben vermag, was denn ein gutes Leben sei, und wenn schließlich pädagogische Theoriebildung nicht ungebrochen auf die Wirklichkeit referiert, dann scheint das Ende der Pädagogik als Wissenschaft gekommen, oder deren Aufgabe besteht darin, pädagogische Praxis als eine durchgängige, sich zunehmend perfektionierende Machttechnik (Schirlbauer 1996, Meyer-Drawe 1996) zu analysieren. Tatsächlich scheint mit der durch den Poststrukturalismus eingeführten kritischen Perspektive das Ende jedweder positiven Bildungstheorie eingeläutet. Mir scheint allerdings ein solcher ‚Schluß' nicht die einzig mögliche Konsequenz etwa aus Foucaults Arbeiten zu sein. Wenn es richtig ist, daß Erziehung bzw. Bildung immer ein Machtverhältnis bedeutet, weil es sich nicht universell sondern immer nur in Bezug auf einen Diskurs und damit historisch zu legitimieren vermag, dann verweist dies zugleich auf die Tatsache, daß menschliches Werden immer von einer ‚Technologie des Selbst' begleitet sein *muß*. Die kritische Perspektive des Poststrukturalismus besteht dann darin zu fragen „ob die Macht so, wie sie ausgeübt wird, ausgeübt werden muß" (Meyer-Drawe 1996, S. 659). Zugleich impliziert dies eine Theorie der Bildung (Technologie der Selbstwerdung) in der der Versuch unternommen werden muß, den Bildungsbegriff angesichts der poststrukturalistischen Gegenwartsanalyse so zu reformulieren, daß Bildung als Machtformation legitimiert werden kann. Für eine Bildungstheorie, die auf die realen Bedingungen ihres Diskurses nicht reflektiert, muß dieser Gedanke eine Zumutung sein. Gleichwohl soll im folgenden der Versuch unternommen werden, Bildung als Machtpraxis zu legitimieren.

Die skizzierte Problemlage, der Zustand radikalisierter Pluralität, impliziert, daß es keine Institution geben kann (und gibt), die einen einzelnen Lebensentwurf als verbindlichen setzen könnte. Dies zu tun, wäre, wie Lyotard sagt, ein tort, ein Unrecht. Wir müssen Bildung zunächst möglichst ‚unmaterial', aber nicht formal bestimmen. Positiv formuliert: Allgemeine Bildung kann nach der poststrukturalistischen Kritik nur noch als der rationale Gehalt gelesen werden, der im Zustand radikaler Pluralität selbst liegt. Wenn dies zutreffend ist, dann kann als Allgemeinbildung nur der Prozeß gelten, der sich auf diesen Zustand radikaler Heterogenität bezieht. Allgemeinbildung nenne ich im folgenden die

Institution, in der Menschen unterschiedlichster religiöser, kultureller weltanschaulicher und sozialer Herkunft in einen Prozeß der Verständigung über Sachverhalte eingeführt werden. Es geht in der allgemeinen Bildung um die Herausbildung einer Fähigkeit, in der die zukünftigen erwachsenen Gesellschaftsmitglieder befähigt werden, sich in der Vielheit zu verständigen und dabei diese selbst aufrechtzuerhalten.

Weiter kann abendländische Rationalität nach der poststrukturalistischen Kritik Universalität dadurch beanspruchen, daß gerade material diese nicht mehr herstellbar ist. Positiv gewendet besteht der Universalitätsanspruch gerade im Nachweis der Notwendigkeit radikaler Heterogenität. Es ist dies das Resultat des Reflexivwerdens der Moderne und macht den eigentlichen Gehalt der Diskussion um die ‚Postmoderne' aus. Die Legitimität allgemeiner Bildung besteht deshalb darin, dass in ihr Menschen unterschiedlichster religiöser, kultureller, weltanschaulicher und sozialer Herkunft in einen Prozess der rationalen, weil reflexiven Verständigung über Sachverhalte eingeführt werden.[5] Anders: *Gebildet ist ein Mensch, der im Zustand radikaler Heterogenität diskursüberschreitende Verständigung realisieren kann ohne die Vielfalt der Diskurse selbst aufzugeben. Bildung ist die Ermöglichung, in und mit unterschiedlichsten Diskursen zu sprechen.*

Diesen Bildungsbegriff möchte ich in vier Schritten ausdifferenzieren. Zunächst werde ich in Anlehnung an die Theorie des kommunikativen Handelns die Ausweitung des Rationalitätsbegriffs darlegen. Ohne eine solche Ausweitung bleibt die poststrukturalistische Kritik an der Rationalität unberücksichtigt. Weiter möchte ich das Verhältnis von Rationalitätskritik und Bildungstheorie beleuchten, um deutlich machen zu können, daß aus der Kritik eine scheinbar paradoxe bildungstheoretische Konsequenz folgt. In einem dritten Schritt werde ich Stufen des Bildungsprozesses darlegen, um in einem letzten Teil ein Tableau von Diskursen anzugeben, die das abendländische Rationalitätspotential widerspiegeln sollen.

a) Verändertes Rationalitätsverständnis

Nach dem bisher Skizzierten zielt die poststrukturalistische Kritik u.a. auf einen modernen Rationalitätsbegriff, der in eine erkenntnistheoretische Aporie hineinführte. Diese Engführungen der Vernunft zu vermeiden, ist das eigentliche Ziel von Habermas' Hauptwerk, weshalb ich im Anschluss an die Theorie des Kommunikativen Handelns die Rekonstruktion des Bildungsbegriffs weiterführen werde.[6]

Im Anschluss an die Drei-Welten-Theorie von Popper untersucht Habermas lebensweltliches Handeln und kommt zu der Auffassung, dass dieses drei unterscheidbare Handlungsdimensionen enthält, teleologisches, normenorientiertes und dramaturgisches Handeln. Für jede dieser Handlungsdimensionen bestimmt er ein Rationalitätskriterium.

In der *teleologischen Handlungsdimension* verwirklicht der Aktor „einen Zweck bzw. bewirkt das Eintreten eines erwünschten Zustandes, indem er die in der gegebenen Situation erfolgversprechenden Mittel wählt und in geeigneter Weise anwendet" (Habermas 1981, S. 126-127). Beim teleologischen Weltbezug handelt es sich um die traditionell moderne Form des szientifischen Weltbezugs, der nach den Kriterien der Wahrheit und der Wirksamkeit einer rationalen Beurteilung zugänglich ist.

In der *normenregulierten Handlungsdimension* agiert ein Subjekt als Mitglied einer sozialen Gruppe, die ihr Handeln an gemeinsamen Werten orientiert. Der normenregulierte Weltbezug setzt die Beziehung eines Aktors zu zwei Welten, der objektiven und der sozialen Welt, voraus. „Eine soziale Welt besteht aus einem normativen Kontext, der festlegt, welche Interaktionen zur Gesamtheit berechtigter interpersonaler Beziehungen gehören" (Habermas 1981, S. 132). Handelnde, die im gleichen Normensystem agieren, gehören demnach derselben sozialen Welt an.

Die Rationalität des normenregulierten Weltbezugs liegt nun in der Möglichkeit, die im normenregulierten Handeln hergestellten Weltbezüge einer objektiven Beurteilung zuzuführen. Einerseits ist zu beurteilen, ob die „Motive und die Handlungen eines Aktors mit den bestehenden Normen übereinstimmen oder von diesen abweichen" (Habermas 1981, S. 134). Die Relationalität von Aktor und sozialer Welt ist also einer objektiven Beurteilung zugänglich. Andererseits ist objektiv feststellbar, „ob die bestehenden Normen selbst Werte verkörpern, die im Hinblick auf eine bestimmte Problemlage verallgemeinerungsfähige Interessen der Betroffenen zum Ausdruck bringen und somit eine Zustimmung der Normadressaten verdienen" (Habermas 1981, S. 134).

Die Rationalität des *dramaturgischen Weltbezugs* ist einerseits eine Frage der Wahrhaftigkeit des Selbstbezuges. Bei der damit aufgeworfenen Frage nach der Rationalität des subjektiven Weltbezugs geht es darum, ob „der Aktor die Erlebnisse, die er hat, zum geeigneten Zeitpunkt auch äußert, ob er meint, was er sagt, oder ob er die Erlebnisse, die er äußert, bloß vortäuscht." (Habermas 1981, S. 139). Bei Wünschen und Gefühlen setzt andererseits das Rationalitätskriterium der Wahrhaftigkeit in besonderem Masse die Fähigkeit zur Ausübung von Wahrhaftigkeit voraus.[7]

Habermas sieht nun die Synthese dieser drei Handlungsdimensionen im kommunikativen Handeln verwirklicht, welches die drei vorgenannten Dimensionen umfasst. In diesem suchen die Handelnden „eine Verständigung über die Handlungssituation, um ihre Handlungspläne und damit ihre Handlungen einvernehmlich zu koordinieren" (Habermas 1981, S. 128).

Die Vernunftmomente der drei Handlungsdimensionen müssen als Einheit realisiert und die Verkürzungen, die die Moderne vorgenommen hat, indem sie die Wertsphären voneinander abgetrennt hat, rückgängig gemacht werden. Im kommunikativen Handeln sind „alle Geltungsansprüche, die in den ausdifferenzierten Wertsphären (Welt zweckrationaler Handlungen = Systeme; Welt normativer Handlungen = soziale Welt; Welt subjektiver Handlungen = z.B. ästhetische Welt – HJF) auseinandergetreten sind, gleichzeitig anwesend, so daß „sich kognitive Deutungen, moralische Erwartungen, Expressionen und Bewertungen durchdringen und über den Geltungstransfer, der in performativer Einstellung möglich ist, einen rationalen Zusammenhang bilden" (Buschmeyer 1987, S. 190). Kommunikatives Handeln umfasst folglich wieder die ursprüngliche, lebensweltliche Einheit der Vernunftmomente.

Gerade weil die Vernunft in ihrer modernen Zerstückelung immer zerbrechlich ist, geht es Habermas darum, die Rationalitätsimplikationen der verschiedenen Handlungsdimensionen freizulegen und Rationalität neben dem teleologischen Weltbezug auch in den beiden anderen Weltbezügen sicherzustellen. Damit wird der Rationalitätsbegriff aus seiner historisch entstandenen Verengung auf die teleologische Handlungsdimension befreit. Im folgenden wird dieser Rationalitätsbegriff zugrundegelegt und der Versuch unternommen, die Rationalitätspotentiale als Bildungsprozeß deutlich zu machen.

b) Rationalitätskritik und Bildung

Vielfach wird das Verhältnis von Rationalitätskritik und Bildung kurzgeschlossen: Mit der Kritik scheint auch die zu erwerbende Fähigkeit obsolet. Wenn es keinen universalisierbaren Fluchtpunkt von Bildung geben kann, dann erscheint diese selbst als nicht legitimierbar. Dieser ‚Schluß' aber verneint die Eigenlogik bildungstheoretischen Denkens. Paradoxerweise wird z.B. in Zeiten, in denen das naturwissenschaftliche Weltbild einer fundamentalen Kritik unterzogen wird, die Leistung naturwissenschaftlicher Bildung offensichtlicher, da deutlich wird, dass der naturwissenschaftliche Bezug auf die Welt nicht einfach einer notwendige Logik folgt, die sich zwingend ergibt, sondern vielmehr eine historische Leistung darstellt, die diese Kultur spezifisch auszeichnet: Naturwissenschaftliche Bildung zielt auf eine Einstellung zur Welt, die grundlegend verschieden ist von animistischen, mythischen Vorstellungen von Welt und die selbst offen bleibt für ihre eigene Widerlegung und damit ein undogmatisches Verhältnis von Mensch und Welt sozialisiert. Und diese Einstellung muß durch den naturwissenschaftlichen Unterricht immer wieder neu - von Generation zu Generation - sozialisiert werden.

Wir werden uns dieser Leistung bewusst, wenn wir im Unterricht mit Jugendlichen konfrontiert werden, die etwa subkulturellen Milieus angehören, in denen Satansriten oder ähnliches praktiziert werden. Grundlegende Axiome unseres Naturverständnisses werden dann negiert - und negiert wird auch ein rationaler Diskurs über diese Prämissen. In solchen Situationen wird offenbar, dass das kartesianische Paradigma jeweils neu gebildet werden muss, dass - zumal im Zeitalter der multimedialen Vermischung von Fiktion und Realität - die im abendländischen Denken konstitutive Differenz von Schein und Wesen, nicht einfach als gegeben angesehen werden kann, sondern jeweils - ebenfalls - neu sozialisiert werden muss.

Im Zusammenhang mit Interkulturalität und mit dem Problem des narzisstischen Persönlichkeitstypus begegnen wir weiteren Schwierigkeiten, denen sich naturwissenschaftlicher Unterricht ausgesetzt sieht: Es begegnen uns Schülerinnen und Schüler, die ungläubig auf unsere Ansprüche nach Exaktheit und der damit zusammenhängenden Quantifizierung reagieren. Erstere weil in ihrem kulturellen Verständnis des Verhältnisses von Mensch und Natur eine solche Einstellung nicht vorhanden ist - man belässt alles in der Unbestimmtheit von Metaphern und/oder Bildern - letztere, weil die Exaktheitsansprüche der Naturwissenschaften aufgrund der Persönlichkeitsstruktur Krisen auslösen. Zunehmend werden wir auch mit Kindern und Jugendlichen konfrontiert, deren Sozialisation wesentlich von bildhaften Medien geprägt ist, die einen Zugang zu analytischem Denken und naturwissenschaftlichem Arbeiten erschwert. Legitimiert wird der naturwissenschaftliche Unterricht also durch eine Differenzbildung.

Die grundlegendsten Sozialisierungsleistungen des naturwissenschaftlichen Bildungsprozesses bestehen darin, dass auf drei Ebenen wesentliche kulturelle Welteinstellungen sozialisiert werden:

Objektivität-Subjektivität	Entsprechung	
Phänomene-Gesetzmäßigkeit	Tiefe	Rationalität
Physik-Metaphysik	Differenz	

Was in Bildungsprozessen also geleistet werden muß ist, zur Teilhabe an den in dieser Kultur ausdifferenzierten Diskursen mit ihren Rationalitätspotentialen zu befähigen. Diese Teilhabe aber soll eine sein, die zugleich Diskurse erhält, weiterentwickelt und über diese hinausgeht, sofern sie auf Verständigung mit anderen Diskursen zielt. Dies macht eine spezifische Gerichtetheit des Bildungsprozesses notwendig.

c) Gerichtetheit und Stufen des Bildungsprozesses
Der Bildungsprozess wird als ein kommunikativer Vorgang verstanden, in dem rationale Weltbezüge bewusst aufgenommen werden. Das aber lässt sich auch für das lebensweltliche Handeln sagen. Was unterscheidet nun den Bildungsprozess von einem lebensweltlichen Handlungsprozess? Der Bildungsprozess enthält eine Gerichtetheit, die sich aus seiner Zielsetzung ergibt: Virtualisierung von Weltbezügen. Er beginnt mit der ersten gemeinsamen Kenntnisnahme, dem ersten Auswendiglernen von etwas.

Dies impliziert, dass zunächst unterschiedliche Sachverhalte auf einer phänomenalen Ebene zur Kenntnis gebracht werden. Über die Kenntnis von etwas hinaus geht es im Bildungsprozess um den kulturell etablierten Wissensstand von diesen Sachverhalten, soweit er über die Ebene von Phänomenen hinausgeht.

So lässt sich auf einer phänomenalen Ebene mit entsprechendem Unterrichtsmaterial durchaus zeigen, dass $a^2 + b^2 = c^2$ ergibt. Im Bildungsprozess geht es zusätzlich darum nachzuweisen, wieso dies so ist. Bei diesem Nachweis handelt es sich um die zweite Stufe des Bildungsvorgangs. Ziel des ganzen Vorgangs soll der Versuch sein, die Schüler zur Teilhabe an der diskursiven Verständigung zu befähigen. Deshalb wird hier eine dritte Stufe notwendig, in dem die Beteiligten in das Erheben von Geltungsansprüchen eingeübt werden. Auf allen Stufen und in allen Dimensionen ist dieser Vorgang sprachlich vermittelt. Dies ergibt das folgende Schaubild (siehe S. 162).

Im Bildungsprozess muss eine permanente Virtualisierung von Weltbezügen stattfinden, die darauf abzielt, Menschen zu befähigen, Geltungsansprüche bzgl. der Wahrheit, Richtigkeit und Wahrhaftigkeit von Handlungen zu erheben. Eine solche Virtualisierung zielt auf die Verankerung von Rationalität im Handeln, indem im Bildungsprozess in spezifischer Weise Rationalität bekannt gemacht und realisiert wird.

Jeder dieser Stufen kann eine eindeutige Funktion zugeschrieben werden. Der Bildungsprozess, nach der Habermas'schen Konstruktion an der Nahtstelle zwischen System und Lebenswelt anzusiedeln, ist zunächst aus der Perspektive desjenigen, der gebildet werden soll, als ‚Bekanntmachen mit etwas' zu verstehen. Zugleich wird dieses ‚Bekanntmachen mit etwas' in einem bestimmten Diskurs durch einen qualifizierten Bildner veranstaltet. Dies macht zweierlei deutlich. Zum einen ist impliziert, dass es hier immer auch um eine Einführung in Rationalitätsdimensionen geht, ohne dass dieser Prozess dem, der diese Bekanntschaft macht, bewusst ist. Es handelt sich somit um eine implizite Einführung in kulturell geprägte Rationalitätsstandards. Diese bezeichnen wir im folgenden als die Stufe des impliziten Weltbezugs.

Die Bewusstheit und damit die Reflexivität über diesen Prozess liegt zunächst beim Lehrer, der sie in ein didaktisches und methodisches Arrangement umsetzt. Auf dieser ersten Stufe des Bildungsprozesses werden also implizite Weltbezüge aufgenommen. Zum anderen ist der Zusammenhang der ausdifferenzierten Weltbezüge dem, der mit einem Weltausschnitt bekannt gemacht wird, nicht bewusst. Auch hier liegt die Reflexivität über die vorgenommene Differenzierung beim Lehrer. Dies gilt für alle Handlungsdimensionen, also teleologisches, normenreguliertes (bzw. normenorientiertes) und dramaturgisches Handeln. Dort wo die Konstruktionsprinzipien moderner Rationalität vermittelt werden, also auf der zweiten Stufe des Bildungsprozesses, sprechen wir von der Stufe des expliziten Weltbezugs. Auf dieser Stufe wird die Stiftung von Rationalität, also die Einsicht in die Funktionsprinzipien, nach denen der Weltausschnitt im Diskurs angeordnet ist, gelehrt, aber diese Konstitution selbst wird nicht thematisch. Wo dies geschieht, erreicht der Bildungsprozess die dritte explizit-reflexive Stufe. Wir unterscheiden also einen impliziten, expliziten und explizit-reflexiven Weltbezug. Nun ist jeder Weltbezug notwendigerweise begrenzt. Der Mensch muss aus der Unendlichkeit der ihm gegenüberstehenden Phänomene einen Phänomen-

1. Stufe	Einführung in Realitätsbereiche	teleologisches Handeln mit Wahrheitsanspruch
		normenreguliertes Handeln mit Richtigkeitsanspruch
		dramaturgisches Handeln mit Wahrhaftigkeitsanspruch
2. Stufe	Einübung von Realitätsbezügen	teleologisches Handeln mit Wahrheitsanspruch
		normenreguliertes Handeln mit Richtigkeitsanspruch
		dramaturgisches Handeln mit Wahrhaftigkeitsanspruch
3. Stufe	Einübung in das Erheben von Geltungsansprüchen	teleologisches Handeln mit Wahrheitsanspruch
		normenreguliertes Handeln mit Richtigkeitsanspruch
		dramaturgisches Handeln mit Wahrhaftigkeitsanspruch

Schaubild: Stufen und Dimensionen des Bildungsprozesses

bereich aussondern, um Weltbezüge aufnehmen zu können. Dies hat auch und allemal für Bildungsprozesse Gültigkeit. Wir bezeichnen einen solchen begrenzten Phänomenbereich im folgenden als einen Weltausschnitt. Jede Annäherung an einen Weltausschnitt und damit jeder Weltbezug ist, wenn es sich nicht um einen alltagsweltlich amorphen Weltbezug handelt, perspektiviert. Diese Perspektivierung zeigt sich darin, dass wir uns über einen Weltausschnitt immer nur in einem spezifischen Diskurs verständigen können. Bei dieser Differenzierung, verlassen wir endgültig die Theorie des Kommunikativen Handelns und greifen die theoretischen Arbeiten Lyotards auf. Diskurs meint das, was Lyotard als Diskursart (genre de discours) bezeichnet (sh. Lyotard 1987, S. 10 und 13).

Einem gewählten Weltausschnitt kann sich ein Teilnehmer z.B. ästhetisch oder physikalisch oder mathematisch usw. annähern. Das Erheben von Geltungsansprüchen kann nun einerseits den Diskurs weiterentwickeln helfen oder aber es weist über den Diskurs hinaus. Der Bildungsprozeß wird diskursüberschreitend.

d) Diskursarten

Die bisherigen Überlegungen erfassen nicht die Tatsache, daß moderne Rationalität sich in Diskursen ausdifferenziert hat. Soll der Bildungsprozeß zur Teilhabe an ‚radikaler Heterogenität durch diskursüberschreitende Verständigung' führen, dann muß diese Ausdifferenzierung sich im Bildungsprozeß abbilden. Es ist evident, dass die Moderne neben Rationalitätsstandards auch eine Vielzahl spezifischer Formen von rationalen Weltbezügen hervorgebracht hat, die nicht vollzählig im Bildungsprozeß aufgenommen werden können. Die grundlegenden Diskursarten, die mit der Aufklärung recht eigentlich beginnen, sind in dem folgenden Schaubild dargestellt.

Gruppe I: Natur	- physikalisch - chemisch - biologisch
Gruppe II: Universalien	- sprachlich - ästhetisch - mathematisch/logisch
Gruppe III: Gesellschaft	- ökonomisch - soziologisch - politologisch
Gruppe IV: Subjektivität	- medizinisch - pädagogisch - psychologisch

Die Gruppen ergeben sich, wenn man sich die Gegenstände der spezifischen Weltbezüge vergegenwärtigt: Gruppe I hat Natur zum Gegenstand, während Sprache, Kunst und Mathematik universell vorkommende Ausdrucksmittel sind. In der Gruppe III wird Gesellschaft und in der Gruppe IV Subjektivität thematisiert.

Eine solche Differenzierung kann nicht erschöpfend logisch begründet werden, da es sich um einen kulturhistorischen Differenzierungsprozess handelt. Allerdings folgt der jeweils letzte Bereich einer Gruppe aus der Entwicklungslogik der beiden vorherigen Bereiche insofern, als der jeweils nächste Bereich komplexer ist. Gleichwohl ist die hier vorgenommene Differenzierung dezisionistisch, da nicht nur zwölf sondern beliebig viele Differenzierungen gewählt werden könnten. Tatsächlich stellt die hier vorgenommene Einteilung den Versuch dar, die historisch grundlegendsten Differenzierungen zu identifizieren. Aus der Verbindung von Mathematik und Physik ergeben sich z.B. die Anfänge der Technik. Mit gleichem Recht könnte jedoch ebenso die Streichung der Medizin als eines eigenständigen Bereichs gefordert werden, denn u.a. aus der Kombination von Chemie und Biologie entsteht die Medizin.

Selbstverständlich stimmt auch das Argument, dass die Weiterentwicklung der Technik z.B. von den Erkenntnissen der Chemie abhängig ist. Genauso können wir annehmen, dass die Medizin in der Erklärung psychosomatischer Phänomene auf die Entwicklung der Psychologie verwiesen ist und vice versa. Diese und weitere Zusammenhänge sind dann aber Hinweise auf eine Entwicklungstendenz sich ausdifferenzierender Diskurse, die zunehmend interdependente Wirkungen entfalten. Die hier vorgelegte Differenzierung enthält darüber hinaus noch eine Entwicklungslogik der Rationalitätsentwicklung der Moderne. Von zunächst äusseren Naturphänomenen wird in der Gruppe II zu Phänomenen übergegangen, die quasi die universellen Voraussetzungen darstellen, um überhaupt über fundamentale Rationalitätsniveaus hinauszukommen. Die dritte Gruppe beinhaltet eine spezifische Form menschlicher Kulturleistung, die sich in von Menschen verselbständigenden Sphären verobjektiviert: Wirtschaft, Staat und Demokratie. In dieser institutionalisierten Verobjektivierung treten sie dem Menschen quasi naturhaft gegenüber und werden so Gegenstand rationaler Untersuchung. Die eigene Subjektivität zu verobjektivieren und diese in diesem Prozeß der Objektivierung zum Gegenstand der Untersuchung zu machen, dieser Vorgang kennzeichnet den Beginn einer nichtidealistischen Selbstreflexivität, die die Moderne hervorbringt. Darauf zielt jedwede allgemeine Bildung. Sie hat die Fähigkeit zu einem praxeologischen Handeln zu befördern, welches bestehenden Rationalitätsstandards genügen soll.

Der hier skizzierte Bildungsbegriff mit seinen Ausdifferenzierungen in drei Handlungs - und Rationalitätsdimensionen (teleologisches, normenorientiertes und dramaturgisches Handeln), drei Stufen (impliziter, expliziter und explizit - reflexiver Weltbezug) sowie den neun Diskursarten soll das universelle Vernunftpotential abbilden, in das Allgemeinbildung einzuführen hätte.

Innerhalb dieser Bestimmung von Bildung ist Vielfalt notwendig und sinnvoll. Der Bildungsbegriff lässt sich inhaltlich nicht mehr in einem verbindlichen Kanon fassen.

Anmerkungen

[1] Sennetts Analyse des Verfalls des öffentlichen Lebens ist bildungstheoretisch noch nicht aufgearbeitet worden. Sennett 1983

[2] Bollenbeck, 1994, S. 160f.

[3] S. dazu Forneck 1994, S 47

[4] Oelkers These vom reformpädagogischen „Experimentieren mit (dieser postmodernen) Situation" muß insofern korrigiert werden, als die Reformpädagogik kultur- und gesellschaftstheoretisch naiv war und ist. Ihre Postulate sind deshalb auch instrumentalisierbar. (s. Oelkers 1987, S. 32f.)

[5] Unschwer ist hier der universalpragmatische Hintergrund der Theorie des Kommunikativen Handelns von Habermas zu erkennen. Die hier vorausgesetzten bildungstheoretischen Implikationen finden sich in Forneck, 1992

[6] Diese Überführung der kommunikationstheoretischen Untersuchungen Habermas' in einen bildungstheoretischen Kontext habe ich an anderer Stelle vorgelegt. (Forneck 1992)

[7] Habermas trennt hier Wahrhaftigkeit und Authentizität. Angesichts des psychoanalytischen Erkenntnisstandes ist dies allerdings eine fragwürdige Differenzierung. Der Zugang zu den subjetiven Wünschen und Gefühlen ist selbst nochmals ein Arbeitsprozess, der aufgrund unbewusster Wünsche und Gefühle nicht so ohne weiteres zu erreichen ist, der also expressiv ausdrucksfähige und bewusste Subjekte unterstellt. Immerhin ist auch das Rationalitätskriterium der Wahrhaftigkeit von Erlebnisäusserungen - sofern sich der Aktor darauf einlässt - durch hermeneutische Verfahren einer objektiven Beurteilung zugänglich.

Literatur

Baacke, Dieter, u.a. (Hrsg). (1985) Am Ende postmodern? Next wave in der Pädagogik, Weinheim, Juventa

Benjamin, Walter (1983) Das Passagenwerk, hrsg. v. R.Tiedemann. Frankfurt, Suhrkamp

Bollenbeck, Georg (1994) Bildung und Kultur. Glanz und Elend eines deutschen Deutungsmusters. Frankfurt a.M., Insel

Flechsig, Karl-Heinz (1992) Vielfalt und transversale Vernunft - Prinzipien postmodernen Denkens und die Modernitätskrise in Bildungssystemen. In: Benner, D.; Lenzen, D., Otto, H.-U. (Hrsg.) Erziehungswissenschaft zwischen Modernisierung und Modernitätskrise. Weinheim, 29. Beiheft der Zeitschrift für Pädagogik

Forneck, Hermann J. (1992) Moderne und Bildung. Weinheim, Deutscher Studienverlag

Forneck, Hermann, J. (1994) Schule öffnen - für welche Wirklichkeit? Über den Zusammenhang von gesellschaftlichen Veränderungen und ‚neuer Lernkultur'. In: Beiträge zur Lehrerbildung 12/1, S. 40 - 51

Forneck, Hermann J. (1997) Funktion von Schule in gefährdeter Gesellschaft. In: Grossenbacher, Silvia et al. (Hrsg.) Schule und soziale Arbeit in gefährdeter Gesellschaft. Bern, Stuttgart, Wien, Haupt, S. 41 - 66

Habermas, Jürgen (1981) Theorie des kommunikativen Handelns, Bde. 1 und 2. Frankfurt a.M., Suhrkamp

Heydorn, Heinz-Joachim (1972) Zu einer Neufassung des Bildungsbegriffs. Frankfurt a.M., Suhrkamp

Kupffer, Heinrich (1990) Pädagogik der Postmoderne. Weinheim, Beltz

Lenzen, Dieter (1984) Delegitimierung durch Praxisorientierung. Zum Motivwandel praxisbezogener Studien in der erziehungswissenschaftlichen Ausbildung. In: Pädagogische Rundschau 38/1, S. 47 - 59

Lenzen, Dieter (1992) Reflexive Erziehungswissenschaft am Ausgang des postmodernen Jahrzehnts oder Why should anyone be afraid or red, yellow and blue? In: Benner, Dietrich; Lenzen, Dietrich; Otto, Hans-Uwe (Hrsg.) Erziehungswissenschaft zwischen Modernisierung und Modernitätskrise. Beiträge zum 13. Kongreß der Deutschen Gesellschaft für Erziehungswissenschaft vom 16. - 18. 3. 1992 in der Freien Universität Berlin. Weinheim, Beltz, S. 75 - 91 (29. Beiheft. der Zeitschrift für Pädagogik)

Liebau, Eckart (1992) Die Kultivierung des Alltags. Das pädagogische Interesse an Bildung, Kunst und Kultur. Weinheim, Juventa

Lyotard, Jean-Francois (1987) Der Widerstreit. München, Fink

Meder, Norbert (1987) Der Sprachspieler. Der postmoderne Mensch oder das Bildungsideal im Zeitalter der neuen Technologien Köln, Janus

Meyer-Drawe, Käte (1996) Versuch einer Archäologie des pädagogischen Blicks. In: Zeitschrift für Pädagogik 42., S. 655 - 664

Mollenhauer, Klaus (1987) Korrekturen am Bildungsbegriff? In: Zeitschrift für Pädagogik. 33., S. 1-20

Müller, Hans-Peter (1993) Sozialstruktur und Lebensstile. Der neuere theoretische Diskurs über soziale Ungleichheit. Frankurt a.M., Suhrkamp

Nieß, Manfred (1985) Das postmoderne Begehren nach Unvernunft. Oder: Das Vergnügen, einen Jaguar zu fahren. In: Baacke u.a. (Hrsg.) S. 12 - 22

Oelkers, Jürgen (1987) Die Wiederkehr der Postmoderne. Pädagogische Reflexionen zum neuen Fin de siècle. In: Zeitschrift für Pädagogik 33/1, S. 21 - 40

Ruhloff, Jörg (1993) EINE allgemeine Pädagogik? In: Fischer, Wolfgang: Ruhloff, Jörg (Hrsg.) Skepsis und Widerstreit. St. Augustin, Academia, S. 43 - 56

Saussure, Ferdinand de (1967) Grundfragen der allgemeinen Sprachwissenschaft. 2. Aufl. Berlin, de Gruyter

Schirlbauer, Andreas (1996) Im Schatten des pädagogischen Eros. Wien

Sennett, Richard (1983) Verfall und Ende des öffentlichen Lebens. Die Tyrannei der Intimität. Frankfurt a.M., Suhrkamp

Zu den Autoren

Hermann J. Forneck, Prof. Dr. phil., geb. 1950, Professor für Allgemeine Pädagogik an der Pädagogischen Hochschule Freiburg und Privatdozent an der Universität Zürich. Arbeitsschwerpunkte in den Bereichen Transformation von Bildung in der Moderne, zum Verhältnis von Bildung und Technik, Erwachsenenbildung.

Gerhard Hebbeker, Prof. Dr. phil., geb. 1934, Studium an den Universitäten Freiburg und München. Seit 1965 Lehrtätigkeit an der Pädagogischen Hochschule Esslingen, seit 1984 Professor für Philosophie an der Pädagogischen Hochschule Freiburg.

Wolfgang Hug, Prof. Dr. phil., geb. 1931, lehrte von 1962 bis 1994 Geschichte und ihre Didaktik an der Pädagogischen Hochschule Freiburg. Danach übernahm er bis 1996 Lehraufträge an den Universitäten München und Rostock. Für seine Arbeiten auf dem Gebiet der Landeskunde/Landesgeschichte erhielt er die Verdienstmedaille des Landes Baden-Württemberg.

Jürgen Jahnke, Prof. Dr. rer. nat., geb. 1939, Studium von Psychologie und Musikwissenschaft in Hamburg und Göttingen. 1966-1971 praktische Arbeit in einer Studentenberatungsstelle. 1971 Promotion. Lehrt seit 1971 Psychologie an der Pädagogischen Hochschule Freiburg. Lehraufträge an der Musikhochschulen Freiburg und Trossingen. Arbeitsschwerpunkte: Sozial- und Musikpsychologie, Psychologiegeschichte, 18. Jahrhundert.

Horst Schiffler, Prof. M.A., geb. 1938, studierte nach mehrjähriger Tätigkeit als Lehrer Kunstgeschichte, Musikwissenschaft und Philosophie. Er lehrt an der Pädagogischen Hochschule Freiburg im Fach Grundschuldidaktik. Arbeitsschwerpunkte: Ästhetische Erziehung, Pädagogische Bildforschung.

Adalbert Wichert, Prof. Dr. phil., geb. 1946, Studium der Sprach- und Literaturwissenschaft, Geschichte und Politologie an der Universität München. Lehrtätigkeit an Gymnasien, Lehrerfortbildung. 1976 Promotion über Alfred Döblins poetische Suche nach einer Sprache für demokratische Geschichtsdarstellung. 1987 Habilitation über Literatur, Rhetorik und Jurisprudenz im 17. Jahrhundert, seit 1994 Lehre an der Pädagogischen Hochschule Freiburg. Schwerpunkte: Sprachreflexion und Literatur, sprachdidaktische Konsequenzen der Ausbreitung von Computertechnologie.

Hannsdieter Wohlfarth, Prof. Dr. phil., geb. 1933 in Bückeburg. Nach Studium der Musikwissenschaft, Geschichte und Philosophie an den Universitäten Münster, Freiburg und Heidelberg Promotion und Assistententätigkeit. Seit 1968

Professor für Musikgeschichte an der Staatlichen Hochschule für Musik in Freiburg i. Br.

Reinhard Wunderlich, Prof. Dr. phil., geb. 1955 in Nürnberg, Studium von Evangel. Theologie und Germanistik in Erlangen, Tübingen und München. 1989 Promotion über Johann Peter Hebels Biblische Geschichten. Nach Lehrtätigkeit am Gymnasium von 1990-1995 Wiss. Assistent und Studienrat an den Universitäten Bamberg und Bayreuth. 1996 Habilitation (Habil.-Schrift: „Pluralität als religionspädagogische Herausforderung"), seit 1996 Professor für Ev. Theologie/ Religionspädagogik an der Pädagogischen Hochschule Freiburg. Forschungsschwerpunkte: Historische Kinderbibeln, theologische und religionspädagogische Rezeption der Postmoderne.

If you have any concerns about our products,
you can contact us on
ProductSafety@springernature.com

In case Publisher is established outside the EU,
the EU authorized representative is:
**Springer Nature Customer Service Center GmbH
Europaplatz 3, 69115 Heidelberg, Germany**

Printed by Libri Plureos GmbH
in Hamburg, Germany